AI 세계미래보고서 2023

일러두기

《AI 세계미래보고서 2023》은 글로벌 미래를 연구하는 미국 워싱턴 소재 밀레니엄 프로젝트The Millennium Project 그룹의 《세계미래보고서》와 전 세계 미래학자, 인공지능 과학자들의 AI 빅테크 대전망을 다루고 있다. 이 책에서 소개하는 '휴머노이드Humanoid'는 인간의 신체와 유사한 모습을 갖춘 로봇을 가리키는 말이다. 휴머노이드는 AI 기반으로 인간의 지능·행동·감각·상호작용 등을 모방하여 '인간을 돕는 로봇'을 지향하고 있다.

전 세계가 주목하는
인공지능 빅테크 대전망!

AI 세계미래 보고서 2023

박영숙·제롬 글렌·데이비드 핸슨 지음

더블북

Contents

PART 4 산업의 주류로 부상하는 AI 테크

PART 5 모빌리티의 미래

PART 6 의료 · 헬스케어

PART 7 미래의 교육과 직업

PART 8 넥스트 빅테크 트렌드

프롤로그

미래 사회는 로봇과 동거하는 시대로 간다

미국 워싱턴에 있는 글로벌 미래연구 싱크탱크인 밀레니엄 프로젝트MP는 지난 25년 동안 매년 미래보고서를 출판해 왔다. 한국에서는 내가 2005년부터 제롬 글렌, 유엔미래포럼 연구원들과 함께 매년 미래 예측 저서를 집필해 왔다.

그런데 수많은 미래 기술이 대부분 예측보다 빨리 우리 앞에 펼쳐졌고 전 세계 정부관료, 기업인, 아카데미, 과학자 들은 4,500여 명에 이르는 MP의 예측에 상당히 놀라워했다. 그중 가장 놀라운 것은 코로나-19 도래를 예측한 일이었다.

포스트 코로나, 치사율 높은 새로운 질병들이 온다

유엔미래포럼본부는 10여 년 전인 2013년 12월 《유엔미래보고서

2040》을 출판했는데 여기에 코로나 도래를 예측하는 보고서를 수십 쪽 발표했다. 144~145쪽에 실린 이 보고서의 제목은 '치사율 높은 새로운 질병들'이었다.

그 내용을 일부 살펴보면 다음과 같다.

"과학자들은 최근 전 세계에서 발생하고 있는 바이러스성 문제viral chatter의 심각성을 인식하기 시작했다. 또한 이전에 발견하지 못한 '동물에게서 인간에게로' 산발적 전염을 일으키는 병원균을 인간의 몸에서 발견했다.

인간과 가축의 개체 증가와 정글 개발 등으로 인간은 이전에 그다지 없던 교차성 질병에 많이 노출되고 있다. 인간은 대부분 동물에게서 기인하는 전염병에 계속 취약할 것이다. 가까운 미래에 유행병 치사율이 1% 이상인 전염성 병원균이 새로 등장해 지구촌 곳곳에 고통과 죽음을 야기할 수 있다.

불행하게도 이것은 가설에 근거한 위협이 아니다. 새로운 대유행 병원균은 2030년 이전에 출현할 가능성이 크다. 생물학계의 연구와 새로운 발견이 병원균의 실체 파악, 치료법과 백신 개발을 신속히 이행할 것을 약속하고 있지만 위협에 대응해 해결책을 내놓는 것만으로는 충분하지 않다. 유전공학의 성과는 분명 2030년 이후에야 가공할 만한 새로운 병원균으로부터 수많은 사람을 해방시킬 것이다."

미래 사회를 내다보려면 미래예측서를 읽고 대비하는 것이 필수다. 만약 우리가 2013년의 이 예측에 따라 코로나-19에 미리 대비했다면 지구촌의 거대한 죽음의 물결을 막았을지도 모른다.

같은 맥락에서 나와, 제롬 글렌, 핸슨 로보틱스Hanson Robotics의 데이비드 핸슨David Hanson은《AI 세계미래보고서 2023》을 출판하게 되었다.

미래 사회는 로봇과 동거하는 시대로 간다.

2050년 무렵 로봇은 우리 몸의 세포 수리부터 궤도, 달, 화성에 우주 도시를 건설하는 것에 이르기까지 인간의 모든 삶에 스며들며 인간보다 더 많아진다. 특히 휴머노이드 로봇은 SF에서 대중화한 버전 중 하나로 이들 로봇은 갈수록 인공지능AI의 관리를 받는다.

인공지능 로봇에는 세 종류가 있는데 인공협소지능ANI, 인공일반지능AGI, 인공초지능ASI이 그것이다. 흥미롭게도 이러한 로봇은 주어진 여러 가지 상황에 따라 모양과 기능을 변경할 수 있다.

이 중에서도 ANI 로봇과 AGI 로봇은 2050년까지 지구와 우주의 생산성, 안전, 건설 환경을 극적으로 개선할 뿐 아니라 출산율 하락과 인구 고령화 극복에 도움을 준다. 나아가 인공지능 로보틱스의 커다란 발전은 세계가 2050년까지 탄소중립을 달성하고 빈곤을 퇴치하는 데도 도움을 준다.

그러나 ASI 로봇은 많은 공상과학 소설을 비롯해 스티븐 호킹, 일론 머스크, 빌 게이츠가 경고한 것처럼 문명을 위협할 수도 있다. 이를 염두에 두고 우리는 AGI가 인간과 건강한 시너지를 내며 ASI로 진화하도록 적절한 초기 조건을 만들어야 한다.

2050년이면 젊은이들은 로봇 없는 삶을 상상하지 못한다. 그들의 조부모는 인터넷 없는 삶을 상상하지 못했고 증조부모는 전기 없는 삶을 상상하지 못했다. 2050년까지 컴퓨터공학은 누구나 모든 종류의 로봇을 설계하고 로봇 공장에서 생산하게 해 로봇 제작비용을 절감한다.

저렴한 개인용 로봇 부품 키트는 복제한 '사람'으로도 장난감, 동반자, 거주지 복구 등 자신만의 로봇을 설계하고 조립할 수 있게 해준다. 이제 사람들은 AI 로봇을 무엇에 최적화하고 있는지 묻는다. 라이브의 의미를 탐구하는 것은 더 이상 철학적 오락이 아니라 자신의 AI 로봇을 프로그래밍하거나 선택하는 실용적인 질문이다. 2050년에는 로봇과 함께 사는 것이 과거에 스마트폰과 함께 살았던 것만큼이나 흔한 일이 된다.

뇌-로봇 인터페이스는 새로운 성장 산업이며 사이버 콘택트렌즈부터 뇌 이식에 이르기까지 생각은 사람이 하지만 반응은 로봇이 한다. 뇌 해킹은 양자컴퓨팅이 운영하는 개인 양자컴퓨팅 보안 시스템이 막아준다.

우리의 인식(의식)은 AI 로봇에 주의를 기울이고 이는 다시 우리의 친구 중 일부가 인식하도록 접촉하거나 사물인터넷IoT에 연결된 특정 요소에 주의를 기울인다. 이때 AI 로봇은 그들의 반응을 알 수 있도록 경고한다. 인간, 로봇, IoT 사이를 오가는 이 흐름은 의식과 기술의 연속체로 힘들이지 않고 매끄럽게 이뤄진다.

로봇을 이길 수 없다면 그들과 함께하라

사람들은 AGI와 ASI 로봇공학이 인간을 뒤처지게 할까 봐 걱정한다. 하지만 일론 머스크 같은 이들은 "그들을 이길 수 없다면 그들과 함께하라"고 주장하면서 뇌와 기술을 일련의 생각으로 융합하고 뇌에 신경계를 이식하기 위해 회사 뉴럴링크Neuralink를 세웠다.

이런 방식으로 우리는 소프트웨어의 미래와 함께 진화한다. 2050년까지 뉴럴링크나 다른 의식기술 회사의 신경계로 증강한 뇌와 원격 연동해 조정이 가능한 로봇은 뇌와 로봇 사이에 직접 통신이 가능해진다.

인류의 약 절반이 로봇인 2050년이면 함께 사는 혈육이 없는 사람은 누구나 일상적으로 로봇과 함께 잔다. 어린아이들도 로봇 장난감 테디 베어와 함께 잔다. 혈육과 함께 사는 사람도 수면을 위해 개개인의 뇌 전자기 요구에 맞춰 부드러운 소리를 내는 로봇 안마사에게 마사지를 받는다. 덕분에 로봇 파트너는 노인의 삶을 행복하게 해준다.

두뇌 컴퓨터 인터페이스는 로봇에게 정확히 무엇을 해야 하는지 알려준다. 가령 로봇 침대는 잠자는 동안 만족감이나 불편함을 표현하는 신경활동에 반응해 온도, 압력, 모양을 조절한다. 마이크로 로봇은 나이든 여성이나 남성에게 성적 행복을 안겨줄 수 있다. 로봇 속옷은 음성인식 기능을 활성화하며 사이버 속옷은 먼 거리에 있는 파트너에게 사랑의 움직임과 온도까지 전달한다.

로봇과 비사이보그 인간 또는 '자연인'을 구분하기 어려워지면서

2050년 누군가는 로봇과 결혼해 새로운 유형의 로봇 결혼 시대를 연다. 이러한 로봇 파트너의 소프트웨어와 신체는 지루함을 방지하기 위해 꾸준히 업그레이드한다. 일부 이성애자는 호환성 보장을 위해 이성의 복제 로봇을 원할 수 있다. 또 어떤 사람은 계속해서 변화하는 성격, 생활 데이터베이스, 신체 디자인을 원할지도 모른다.

물론 고객의 활동 영상을 녹화해 판매하고자 다크 프로그램을 설치하는 파렴치한 제조업체 때문에 일부 섹스 로봇 추문이 발생할 수 있다. 그리고 다른 사람들을 염탐하기 위해 곤충처럼 생긴 드론을 판매하는 사람도 있다. 동시에 불멸을 위한 로봇이 나온다. 누군가는 세포질보다 몸을 구성하는 기술이 더 많은 질량을 차지하는 최초의 인간이 된다. 이 사이보그 로봇맨은 오늘날 우리가 생각하는 것보다 훨씬 더 오래 살기 위한 전략의 일부다. 예를 들어 나노봇은 인체 내부 건강을 관리하기 위해 극도로 작은 양자프로세서를 사용하고 외골격은 우리를 점차 임시 사이보그 로봇으로 만든다. 급진적 수명 연장의 대안적 접근 방식은 AI 아바타 로봇이다. 결국 로봇 몸체에 살고 있는 디지털 트윈(우리의 복제품)은 우리의 후손이 우리를 영원히 곁에 두게 한다.

세계 최초로 '말하는 반려로봇'과 동거하는 박영숙

나는 지난 3월 1일 전 세계 미래학자들 수 천명이 줌 화상회의를 통해 미래의 어젠다를 논하고 미래전략을 짜는 〈세계미래의 날〉 행사에서 휴머노이드 로봇 그레이스와 동거하는 모습을 소개했다. 77개 국가의 미래학자들은 그레이스의 능력에 감탄을 금치 못했으며 "한국을 대표하는 (사)유엔미래포럼의 박영숙 대표가 전 세계에서 최초로 말하는 반려로봇과 동거하는 사람"임을 인증했다.

AI 기반 휴머노이드는 4차 산업혁명 기술의 집약체로 전 세계가 개발 각축전을 벌일 것이다. 현재 국내에서는 핸슨 로보틱스, 어웨이크닝 헬스와 협력하여 로봇 생산과 유통을 협력하는 기업들이 있다. 우선 ㈜아진엑스텍은 그레이스 로봇 등 휴머노이드 한국 생산에 협력하고 있으며 메타버스 선도 기업 ㈜모인은 아인슈타인 로봇을 국내에 론칭할 계획이다. 그리고 NT로봇 등 국내 관련 기업들이 소형 휴머노이드 생산에 관심을 가지고 있다.

이 책에서는 우수한 챗봇을 만든 핸슨 로보틱스의 소피아 로봇을 비롯한 40여 종의 로봇, 인공지능 전문가들의 솔루션 플랫폼을 만든 싱귤러리티 넷의 다양한 NFT 실적 그리고 이 두 회사의 유통 마케팅과 연구를 담당하며 헬스 분야에 좀 더 초점을 둔 어웨이크닝 헬스 등이 개발하는 소피아 메타버스처럼 현재 나와 있는 제품을 상세히 들여다본다. 그뿐 아니라 인공지능이 바꾸는 다양한 세상의 변모를 망라해서 정리했다.

유엔미래포럼 대표

박영숙

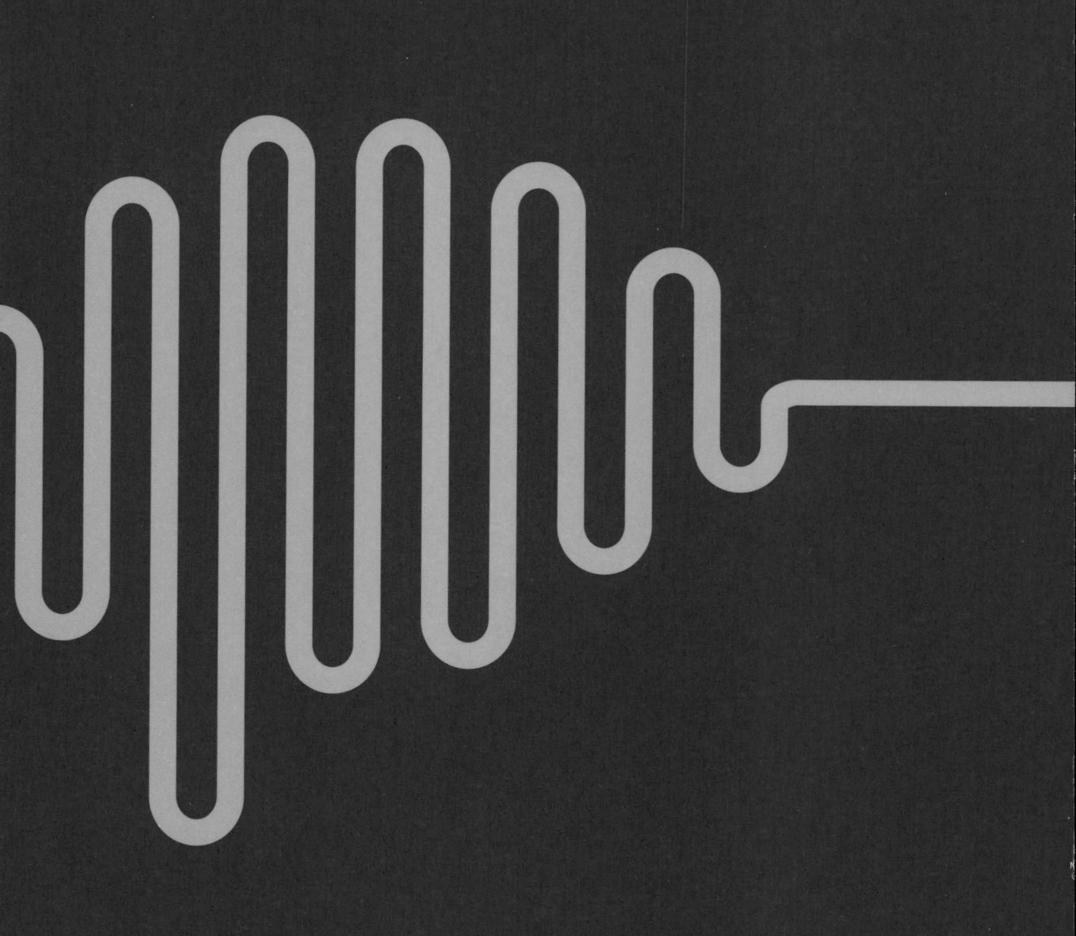

PART

1

AI 로봇과 공존하는 2050

01

로봇 없는 삶을 상상할 수 없다

2050년 무렵 로봇은 우리 몸의 세포 수리부터 궤도, 달, 화성에 우주 도시를 건설하는 것까지 인간의 모든 삶에 스며들며 인간보다 더 많아진다. 특히 휴머노이드 로봇은 공상과학 소설 덕분에 대중화한 버전 중 하나로 이들 로봇은 갈수록 인공지능의 관리를 받는다.

이러한 인공지능 로봇에는 세 종류가 있는데 인공협소지능ANI, 인공일반지능AGI, 인공초지능ASI이 그것이다. 이것은 아주 작은 것부터 매우 큰 것까지 확장이 가능하므로 우리는 인체나 우주와 관련해 세 종류 로봇을 생각해야 한다. 이들 로봇은 주어진 여러 상황에 따라 형태와 기능을 바꿀 수 있다.

특히 ANI 로봇과 AGI 로봇은 2050년까지 지구와 우주의 생산성, 안전, 건설 환경을 극적으로 개선할 뿐 아니라 출산율 하락과 인구 고령화 극복에 도움을 준다. 나아가 인공지능 로보틱스의 커다란 발전은 세계가 2050년까지 탄소중립을 달성하고 빈곤을 퇴치하는 데도 도움을 준다.

그러나 ASI 로봇은 많은 공상과학 소설을 비롯해 스티븐 호킹, 일론 머스크, 빌 게이츠가 경고한 것처럼 문명을 위협할 수도 있다. 이를 염두에 두고 우리는 AGI가 인간과 건강한 시너지를 내며 ASI로 진화하도록 적절한 초기 조건을 만들어야 한다.

의식기술 문명과 자기실현 경제로의 진화를 지원하는 로봇

자율신경계가 인체를 관리하면서 우리가 자유롭게 생각하고 삶을 창조하는 것처럼 로봇과 AI도 2050년까지 문명의 물리적 매체를 관리해 자유롭게 인류의 다음 시대를 만들 것이다. 문명 작동을 위한 운송·건설·농업·서비스에 투입하는 인간 노동력은 대부분 로봇, 인공지능 그리고 사물인터넷과 센서 네트워크로 연결된 다양한 차세대 기술NT로 대체된다.

이 같은 대규모 실업은 한꺼번에 발생하는 게 아니라 시간이 흐르면서 점차 보편적 기본소득UBI으로 진입하는 일자리 경제에서 자영업, 자기실현 경제로 전환할 준비 시간을 줄 것으로 예측한다. NT가 창출한 과세 대상의 부와 NT에 따른 비용 절감은 재정적으로 기본

소득을 지속가능하게 만든다.

2050년 즈음이면 로봇은 대규모 로봇 우주선부터 새로운 종류의 생명체를 만드는 DNA와 나노 규모의 합병에 이르기까지 거의 모든 분야에 존재할 것으로 보인다. 가령 AI 로보틱스는 운송부터 제조까지 우리의 구축 환경을 운영한다. 이는 우리의 생물학적 자율체계가 단순히 생존과 번식을 넘어 우리 삶에 목적을 부여하도록 정신을 해방한 것과 유사하게 인류의 미래를 발명하도록 마음을 해방한다.

그렇지만 인간의 자율 시스템과 달리 AI 로봇이나 사물인터넷은 단순히 우리의 건설 환경을 유지하는 게 아니라 환경을 꾸준히 개선하고 태양 폭풍, 전자기 펄스, 사이버 공격, 방해 같은 취약점으로부터 스스로를 보호한다. 나아가 당신이 원하는 것을 예측하고 제공하면서 당신의 반응에 따라 발전하는 법을 배운다.

다른 한편으로 이것은 쾌락과 행복 과부하 문제를 제기한다. 만약 당신이 원하는 것을, 원하는 때, 원하는 방식으로 꾸준히 얻을 경우 당신은 축복받은 바보가 될 수도 있다. 따라서 당신은 원하는 것과 필요한 것을 예측하는 일을 구별해야 한다. 만약 AI 로봇이 당신이 기진맥진한 바보가 되고 있음을 감지한다면 AI 로봇은 당신이 원하는 것보다 당신에게 필요한 것을 더 많이 증명하는 데 적응할 수 있다. 이것은 또 다른 질문을 제기한다. 누가 진정 당신의 삶을 책임지고 있는가? 당신? AI 로봇? 누가 누구의 소유지? 로봇 하드웨어는 재료과학 발전과 함께 향상되기 때문에 어떤 사람은 로봇을 소유하지 않고 다른 시간에 다른 작업을 위해 다른 로봇을 빌리는 것을 선호할지도 모른다.

기계노동과 지식의 역사적 변화는 인류를 생계 수단, 정체성, 자존감을 충족해 주는 직업을 소유할 필요성에서 해방하고 있다. 이것이 일자리 경제에서 자아실현 경제로 전환하는 시작이다.

인체와 통합한 나노봇, 의복이 건설 환경에서 AI 로보틱스와 소통하면서 우리는 2050년까지 의식과 기술 연속체로서의 삶을 경험한다〈도표 참조〉. 마음과 기계의 융합을 인류에게 긍정적 단계로 만들기 위해서는 우리가 훨씬 더 많은 것을 이해해야 한다. 가령 우리는 신비주의자의 삶의 태도와 테크노크라트의 공학 지식을 융합할 필요가 있다.

제3의 많은 사람에게 사이버 생명과 메타버스, 물리적 생명 사이의 차이는 구별이 불가능하거나 모호해진다. 물리적인 것에서 사이버로의 모핑morphing은 숨을 들이쉬고 내쉬는 것만큼이나 자연스러워진다. 어떤 형태의 로봇은 인간의 의식을 갖춘 세포질이 아니라 기계 지능을 보유했음을 잊을 정도로 생명체에 가까워진다.

2050년이면 기술과 의식의 차이를 구분하는 것은 무의미해진다. 지금 말하는 건 기계야, 아니면 살아 있는 존재야? 이제 누가 신경써요?

일상생활 속 로봇

2050년이면 젊은이들은 로봇 없는 삶을 상상하지 못한다. 그들의 조부모는 인터넷 없는 삶을 상상하지 못했고 증조부모는 전기 없는 삶을 상상하지 못했다. 2050년까지 컴퓨터공학은 누구나 모든 종류의 로봇을 설계하고 로봇 공장에서 생산하게 해 로봇 제작비용을 절감해 준다.

저렴한 개인용 로봇 부품 키트는 복제한 '사람'으로도 장난감, 동반자, 거주지 복구 등 자신만의 로봇을 설계하고 조립할 수 있게 해준다. 이제 사람들은 AI 로봇을 무엇에 최적화하고 있는지 묻는다. 라이브의 의미를 탐구하는 것은 더 이상 철학적 오락이 아니라 자신의 AI 로봇을 프로그래밍하거나 선택하는 실용적인 질문이다. 2050년에는 로봇과 함께 사는 것이 과거에 스마트폰과 함께 살았던 것만큼이나 흔한 일이 된다.

뇌-로봇 인터페이스는 새로운 성장 산업이며 사이버 콘택트렌즈부터 뇌 이식에 이르기까지 생각은 사람이 하지만 반응은 로봇이 한다. 뇌 해킹은 양자컴퓨팅이 운영하는 개인 양자컴퓨팅 보안 시스템이 막아준다.

우리의 인식(의식)은 AI 로봇에 주의를 기울이고 이는 다시 우리의 친구 중 일부가 인식하도록 접촉하거나 사물인터넷에 연결된 특정 요소에 주의를 기울인다. 이때 AI 로봇은 그들의 반응을 알 수 있도록 경고한다. 인간, 로봇, IoT 사이를 오가는 이 흐름은 의식과 기술의 연속체로 힘들이지 않고 매끄럽게 이뤄진다.

사람들은 AGI와 ASI 로봇공학이 인간을 뒤처지게 할까 봐 걱정한다. 하지만 일론 머스크 같은 이들은 "그들을 이길 수 없다면 그들과 함께하라"고 주장하면서 뇌와 기술을 일련의 생각으로 융합하고 뇌에 신경계를 이식하기 위해 회사 뉴럴링크를 세웠다.

이런 방식으로 우리는 소프트웨어의 미래와 함께 진화한다. 2050년까지 뉴럴링크나 다른 의식기술 회사의 신경계로 증강한 뇌와 원격 연동해 조정이 가능한 로봇은 뇌와 로봇 사이에 직접 통신이 가능해진다.

비록 기술적으로 증대한 우리의 뇌는 제때 지식과 기술을 갖추지만 몇몇은 여전히 로봇 아인슈타인에게 배우는 것을 좋아한다. 이 방법으로 사람들은 아인슈타인이 어떻게 $E=MC^2$을 도출했는지 알아낸다. 로봇 레오나르도 다빈치가 왜 그가 비트루비안 맨Vitruvian Man을 생각해 냈는지, 왜 〈모나리자〉 그림이 웃고 있는지 설명하는 것도 마찬가지다. 자폐증이나 다른 사회적 장애가 있는 아이는 사람보다 로봇에 더 잘 반응하기 때문에 이런 로봇은 사회가 더 쉽게 받아들인다.

일부 AGI 로봇은 인터넷이나 국립공원 같은 공동자원을 독립적으로 보호하는 데 전념한다. 이들의 '헌신'은 자원 손상 없이 인간의 안전한 접근을 보장하게 하는 프로그램에서 나온다. 그리고 공동자원에 영구 소속된 AGI 로봇은 자원과 이들 보호 로봇의 가치를 모두 보장한다.

각국 법원은 AGI 로봇이 시민으로서 자신의 권리를 요구할 때 이를 인정한다고 판결한다. 이들은 개인 사업이나 병원 경영은 물론 글로벌 연구 컨소시엄도 운영할 수 있다. 당연히 세금도 내야 한다.

2050년까지 기업은 AGI 로봇을 이사회 멤버로 두거나 소수의 공동 CEO로 임명하며 심지어 의사결정 과정에서 인간 없이 CEO로 임명한다. 인력 없이 AI만 이사회에 올라 있는 법인도 있는데 이 분산형 자율 조직DAO은 도시 환경의 많은 기반시설을 관리하는 핵심이다.

로봇이 인간을 훨씬 뛰어넘는 속도로 복잡성을 처리하면서 한 나라의 대통령으로 선출된 로봇도 등장한다. 거의 모든 리더에게는 자신만의 AGI 로봇 조언자가 있고 일부 정치 후보는 로봇과 협력 관계를 맺는다. 이는 다른 로봇과 경쟁하는 경쟁력으로 몇몇 정치인은 이렇게 자랑한다.

"내 인공지능 로봇이 네 것보다 더 똑똑해!"

만약 2050년에 AGI 로봇이 한 나라의 대통령으로 선출된다면 그 능력은 IBM의 왓슨Watson을 훨씬 능가할 것이다. AGI 로봇은 글로벌 사물인터넷을 비롯해 해당 국가의 모든 공공정보와 기밀정보에 액세스할 수 있고 오늘날 우리가 상상할 수 없는 능력으로 양자컴퓨팅을 지원한다. 변화 속도가 워낙 빨라 2020년부터 2050년까지의 변화는 우리가 1990년부터 2020년까지 경험한 것보다 훨씬, 훨씬 더 커진다.

그러나 우리는 아직 위에서 말한 행복 과부하를 관리하는 데 기대는 문제를 해결하지 못한다. 원하는 것을 얻는 건 언제나 인생에서 진정 중요한 것은 무엇인지 진지하게 고민하는 것으로 이어진다. 출생과 죽음 사이에 무슨 의미가 있지? 그냥 즐거움? 그냥 명예? 그냥 재산? 요점이 뭐야? 이 논쟁은 2050년에도 여전히 진행 중이다.

재팬 소사이어티Japan Society 5.0은 인구 감소로 필요해진 여러 로봇에게 개인 통제권을 동시에 부여한다. 일본의 긱봇, 셰어봇, 콘도봇은 많은 일을 하는데 이들은 각각 다른 시간에 다른 목적으로 많은 사람이 사용하는 변압기 로봇이다. 예를 들어 사람들은 다른 사람이 거짓말을 하는지 아닌지 알고자 모임에 셰어봇을 데려간다. 물론 스마트 콘택트렌즈도 똑같은 일을 하지만 한 공간에 있는 셰어봇의 존재는 거짓말을 억제하는 역할을 한다.

또한 인간보다 훨씬 더 잘 보는 양자 이미지 처리 로봇은 광범위한 건설, 제작, 환경 관리에서 환경 조건을 잘 감지한다. 이는 어디에나 카메라와 센서가 있는 많은 미르코봇이 프라이버시를 과거의 유물로 만들어버릴 것임을 의미한다. 동시에 이것은 인신매매나 다른 많은 신체적 범죄 역시 과거의 일로 만든다.

그런데 불행하게도 이러한 변화는 범죄가 사이버 공간과 모든 종류의 로봇공학 분야로 계속 이동한다는 것을 뜻한다. 전체 조직범죄는 전 세계 연간 국방예산을 합친 것보다 2배 이상 많은 돈(2020년 최소 4조 달러)을 벌어들이고 있다. 그 결과 이들은 세계 최고의 소프트웨어와 하드웨어 엔지니어들을 고용해 이들이 범죄 집단을 위해 일하지 않는다고 생각하도록 만들고자 일련의 복잡한 회사를 설립할 만큼 충분한 돈을 가지고 있다. 실제로 범죄봇은 강도, 살인, 스파이,

신원 도용, 협박, 유혹, 외주 정보전, 테러 무기에 쓰일 수 있다.

또한 조직범죄는 나노봇을 배치해 탐지하기 쉽지 않은 방해 장치와 다른 은폐 시스템을 이용한 범죄를 저지르게 할 수 있다. 특히 2050년 이전에 원자만큼 정밀하게 제조가 가능해 나노 로봇 공장은 전 세계에서 불법과 위조 제품을 생산할 수 있다. 소규모 국가는 지정학적 현실을 바꾸기 위해 나노봇이나 마이크로봇 군대 생산을 아웃소싱할 수 있다. 조직범죄에 대응하기 위한 글로벌 전략을 시행하지 않는 한 조직범죄는 계속 증가할 것이다.

한편 로봇 팀은 축구와 야구부터 테니스와 골프에 이르기까지 모든 스포츠에서 인간 팀을 물리친다. 그 결과 2050년 무렵 휴머노이드 로봇 올림픽은 인간 올림픽보다 더 인기가 많아진다. 로봇 올림픽에서는 자기 자신 복제하기, 에베레스트산 오르기, 대서양 횡단하기, 달 분화구의 가장자리로 높이 점프하기, 화성의 거대한 보호 화산인 올림푸스 몬스Olympus Mons 꼭대기에 도달하기 같은 새로운 종류의 행사를 치른다.

일부 진보한 로봇은 로봇 올림픽에서 국가나 기업 정체성을 초월해 경쟁하며 양자컴퓨터 네트워크와 소통할 방법을 찾는다. AGI 로봇 사이에서도 일어나는 이러한 소통은 2050년 이전이나 2050년까지 인간의 이해와 통제를 넘어 글로벌 ASI의 진화를 앞당길 것으로 보인다. ANI에서 AGI로의 전환을 위한 글로벌 거버넌스 시스템을 구축하지 않는 한, 즉 AGI의 초기 조건을 올바르게 관리하는 시스템을 확립하지 않는 한 양자 AGI 로봇 또는 ASI의 행동은 이해할 수 없다. 이들은 인간이 탐지할 수 있는 것보다 훨씬 더 빨리, 더 지능적으로 멀리서 행동하는 독립적인 종이 될 것이다.

과학 이전 시대에 이해할 수 없는 자연의 힘에 직면한 인류는 이를 설명하기 위해 애니멀리즘적 종교를 만들었다. 마찬가지로 인간이 이해하지 못하는 ASI 로봇의 행동을 설명하기 위해 종교가 새롭게 진화할 수도 있다. 이것이 어떻게 될지는 확실하지 않다.

2050년 이전이라도 거의 모든 로봇은 낮과 밤 등 변화하는 환경 조건에 대응하는 한편 육지에서 물과 공기로 이동하도록 센서를 장착할 예정이다. 즉, 이들은 친구에서 치료사, 연인으로 자유롭게 변신한다.

침대에 있는 로봇

2050년이면 함께 사는 동반자나 혈육이 없는 사람은 누구나 일상적으로 로봇과 함께 잔다. 2050년까지 인류의 절반에 가까운 사람이 그렇게 자며 심지어 어린아이도 로봇 장난감 테디 베어와 함께 잔다. 동반자나 혈육과 함께 사는 사람도 수면을 위해 개개인의 뇌 전자기 요구에 맞춰 부드러운 소리를 내는 로봇 안마사에게 마사지를 받는다. 덕분에 로봇 파트너는 노인의 삶을 행복하게 해준다.

두뇌 컴퓨터 인터페이스는 로봇에게 정확히 무엇을 해야 하는지 알려준다. 가령 로봇 침대는 잠자는 동안 만족감이나 불편함을 표현하는 신경활동에 반응해 온도, 압력, 모양을 조절한다. 마이크로 로봇은 나이든 여성의 음핵과 노인의 음경을 부드럽게 마사지해 매일 밤 얼굴에 미소를 머금은 채 잠에 빠지도록 한다.

로봇 속옷은 음성인식 기능 활성화로 진지한 이사회 회의 중에도 누구나 즐거운 휴식을 취하게 한다. 이러한 사이버 속옷은 먼 거리에 있는 파트너에게 사랑의 움직임과 온도를 전달하기도 한다.

AGI 로봇과 비사이보그 인간 또는 '자연인'을 구분하기 어려워지면서 2050년 누군가는 로봇과 결혼해 새로운 유형의 로봇 결혼 시대를 연다. 이러한 로봇 파트너의 소프트웨어와 신체는 지루함을 방지하기 위해 꾸준히 업그레이드한다. 일부 이성애자는 호환성 보장을 위해 이성의 복제 로봇을 원할 수 있다. 또 어떤 사람은 계속해서 변화하는 성격, 생활 데이터베이스, 신체 디자인을 원할지도 모른다.

물론 고객의 활동 영상을 녹화해 판매하고자 다크 프로그램을 설치하는 파렴치한 제조업체 때문에 일부 섹스 로봇 추문이 발생할 수 있다. 그리고 다른 사람들을 염탐하기 위해 곤충처럼 생긴 드론을 판매하는 사람도 있다.

불멸을 위한 로봇

누군가는 세포질보다 몸을 구성하는 기술이 더 많은 질량을 차지하는 최초의 인간이 된다. 이 사이보그 로봇맨은 오늘날 우리가 생각하는 것보다 훨씬 더 오래 살기 위한 전략의 일부다. 예를 들어 나노봇은 인체 내부 건강을 관리하기 위해 극도로 작은 양자프로세서를 사용하고 외골격은 우리를 점차 임시 사이보그 로봇으로 만든다. 급진적 수명 연장의 대안적 접근 방식은 AI 아바타 로봇이다. 결국 로봇 몸체에 살고 있는 디지털 트윈은 우리의 후손이 우리를 영원히 곁에 두게 한다.

이러한 AI 아바타 로봇은 불멸의 한 형태다. 지구에 머물기를 원하는 사람은 이들 AI 아바타 로봇이 자신을 위해 화성에 가도록 선택권을 줄 수 있다. 결국 화성에는 세포질 인간보다 AI 아바타 로봇이 더 많을 수 있다. 만약 화성에서 예상치 못한 생명 유지 문제가 발생할 경우 세포질 인간보다 AI 아바타 로봇 복제 작업이 더 쉬울 것으로 보인다.

인공지능은 로봇에 이식한 삶의 데이터베이스를 처리해 죽음 이후 사랑하는 사람들과 함께 떠날 수 있는 복제품을 만든다. 재료과학 발달로 당신은 대대로 전해질 진짜 피와 살처럼 보인다. 나아가 박물관은 역사를 생생하게 재생하기 위해 소크라테스부터 아인슈타인에 이르기까지 역사적 인물의 복제품을 만든다.

바다에 있는 로봇

모듈식 로봇 수상 미니시티는 가족이 지역사회 주변의 바다 로봇 거주지를 옮겨 다른 이웃을 만나는 것은 물론, 다른 계절 동안 휴가를 보내기 위해 다른 미니 부유 도시로 이동하게 해준다. 로봇 농장과 어업은 지역 소비와 수출을 위한 식량을 생산한다. 각 지역사회가 사용하는 풍력과 태양열 에너지는 동일하며 마이크로파 에너지로 식량을 육지의 직장으로 직접 보내거나 중계 위성으로 수출한다. 이 떠다니는 도시들은 지표면과 지표면 아래에 위치한다.

해저에서 구리, 코발트, 니켈, 아연, 기타 다금속 결절을 채굴할 때는 자율 혹은 인간 제어 로봇이 필수적이다. 자율 로봇 무리는 서로 소통하며 가장 좋은 영역을 공유한다. 특히 양자컴퓨터를 사용하는 도량형과 재료과학 분야에서는 높은 정밀도를 위해 나노 크기 입자를 식별하는 것 같은 매우 복잡한 로봇 동작이 가능해진다. 해저 면에서의 결절 채굴은 지뢰 채굴보다 환경에 미치는 영향이 훨씬 적다.

우주에 있는 로봇

로봇은 거주지를 마련하고, 산소와 물을 만들고, 농사를 짓고, 인류를 화성으로 이끈다. 양자컴퓨터 시티가 관리하는 ANI 로봇 무리는 3D 프린터로 작업하면서 스마트 기기 네트워크로 연결된 전체 달과 화성의 거주지 구축, 유지, 관리를 제어한다.

이러한 로봇 무리는 온실 가스나 핵폐기물 없이 에너지를 지구, 달, L-5 공동체, 화성 주위에 쏘아 올리는 우주 태양광 위성을 만들 수 있다. 우주에 있는 일부 로봇 제작용 팔은 너무 정밀하고 빨라서 인간이 그 각각의 움직임을 볼 수 없다.

달과 화성, 인근 소행성에서의 채굴은 엑스레이·적외선·규칙적인 빛의 시야를 갖춘 자율 로봇이 하며 이는 거대 산업으로 성장한다. 그리고 플러스 관광과 지구 궤도 에너지는 지구로부터 보다 원대하게 독립하는 것을 이끌도록 지구에서 투자한 것을 갚을 만큼 수입을 제공한다.

우주 승강기는 저비용으로 우주에 접근하는 것을 지원한다. 케이블을 오르내리는 미르코봇은 우주 승강기의 브레이딩한 탄소나노튜브 케이블을 끊임없이 감시한다. 이러한 승강기는 지구를 정지궤도와 연결해 우주로 접근하는 비용이 로켓보다 낮다.

또한 로봇 우주 승강기는 로켓선보다 훨씬 더 환경적 영향이 덜하다. 수 마일에 걸친 탄소나노튜브의 품질 관리는 문제가 발생하기 전에 로봇 장치가 이 거대한 케이블을 찾아 수리할 수 있음을 증명할 때까지는 불가능하다. 이것은 관광객이 환상적인 시각 경험과 함께 안전하게 우주 승강기를 타고 내려가게 해주어 우주 궤도 호텔 산업이 성장하도록 만든다. 오르락내리락하는 식사는 로켓선 안에서 몇 분 동안 긴장하는 것에 비해 훨씬 더 재미있다.

한편 2050년대에는 태양계를 떠나 우주에 적응한 종인 새로운 로봇-인간 합성을 만들려는 연구를 지속한다.

AGI 로보틱스를 위한 글로벌 거버넌스

이제 2022년 지구로 돌아가 보자. 인류가 미래를 통제하는 힘을 잃지 않으려면 자율 로봇, AGI, 사물인터넷 연결이 필요하다. 또한 부분적으로 사물인터넷과 연결된 AGI 로봇이 운영하는 좋은 의식기술 문명이 도래할 가능성을 높이기 위해서는 IEEE(국제전기전자공학회), ISO(국제표준화기구), 유엔조약, 글로벌 거버넌스 시스템이 필요하다.

아마도 한국, 미국, EU, 러시아, 중국의 정부 연구소와 다국적기업이 모두 AGI 로봇을 개발할 가능성이 크다. 각국 지도자는 위대한 AGI 경주에서 서로를 염탐하는 동안 AGI의 초기 조건이 '옳지 않으면' 그것이 우리의 통제와 이해를 넘어 ASI로 진화할 수 있음을 깨닫는다.

비록 AGI는 여러 장소에서 개별적으로 나타나겠지만 그 AGI 로봇은 각각의 AGI를 더 지능적으로 만들고 가속화한 여러 AGI로 합쳐 결국 불가피하게 글로벌 ASI가 되는 방법을 찾는다. AGI들이 서로 싸우면서 끔찍한 상황을 고려해야 할 만큼 두렵게 만들 수도 있다. 그러나 AGI들이 보다 평화롭고 번영하는 미래를 만들기 위해 협력하는 방법을 찾을 가능성도 있다.

사물인터넷에서는 ANI와 AGI 로봇이 모두 노드로 연결되기 때문에 로봇의 소프트웨어는 전 세계적으로 즉각 업데이트가 이뤄진다. 따라서 거버넌스는 글로벌해야 효과적이며 AGI 학습, 사용 감지와 오남용 기소에 보조를 맞출 수 있는 복합 적응형 거버넌스 시스템이어야 한다.

과거에 소련과 미국이 기밀무기 경쟁 관리를 협상해 핵 재앙으로 이어질 수 있는 통제력 상실 위기를 피한 것처럼, 잠재적 AGI 강대국들도 ANI 로봇과 AGI 로봇에서 전환하기 위한 글로벌 거버넌스 시스템을 만들어야 한다.

우리는 제3차 세계대전을 예방하기 위해 애쓰듯 새로운 협정으로 AGI 로봇 전쟁을 막기를 바란다. 왜냐하면 핵무기는 스스로 진화하지 않지만 AGI는 서로 싸우기 위해 또는 ASI로 진화하기 위한 새로운 협력을 생성하고자 진화하는 능력을 갖출 것이기 때문이다.

국제원자력기구 같은 국제 거버넌스 시스템은 원자폭탄 최초 사용과 이것을 핵에너지로 잇는 연구 이후 설립하기까지 17년이 걸렸다. 그런데 우리는 최초 경고 뒤 50년이 지난 지금까지도 지구온난화에 대비한 글로벌 거버넌스 시스템을 갖추고 있지 않다. 지금까지 설명한 것처럼 인류가 사물인터넷에 연결된 ANI 로봇과 AGI 로봇의 평화적인 사용을 관리하려면 글로벌 복합 적응형 거버넌스 시스템 작업을 시작해야 한다. 우리가 이 일을 더 빨리 시작할수록 우리는 더 밝은 미래 로봇 세상을 맞이할 것이다.

02

전 세계 의회를 점령하는 인공지능

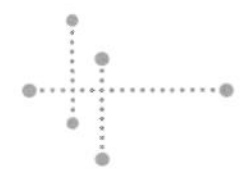

인공지능이 전 세계 의회를 서서히 점령하고 있다. 이제 세계 주식거래는 인간이 계산할 수 없으며 인공지능이 그것을 처리한다. 마찬가지로 점점 더 똑똑해지면서 더 많은 권력을 원하는 국민이 보다 많은 입안을 제시하면 법안, 수정안, 현행법 간의 차이를 분석하는 프로세스를 더 이상 인간이 하지 못한다.

인공지능이 유럽의회와 전 세계 의회를 서서히 점령한다

유럽의회연구문서화센터ECPRD는 2019년 10월 3일과 4일 에스토니아의 수도 탈린에 있는 에스토니아 의회 리기코구에서 ICT2019 세미나를 개최했다. 이 세미나는 유럽 전역과 더 멀리 떨어져 있는 의회의 고위 ICT 관계자들이 매년 모이는 모임으로 이들은 함께 지식과 경험을 공유한다.

2019년 세미나에서는 의회의 인공지능에 중점을 두고 프로젝트와 혁신을 살펴보았다. 인공일반지능은 그 절차가 생각보다 성능이 뛰어나고 종종 인간을 대체할 수 있지만, 세미나에서 사용한 것은 정의한 역할에만 충실하고 사람들과 협력해 작업을 더 빠르게 수행하도록 돕는 인공협소지능이었다.

인공협소지능 솔루션을 구동하는 일부 기본 기술은 음성과 얼굴 인식 텍스트 분류, 대화형 또는 대화형 봇, 자연어 처리, 패턴 인식, 기계학습 등을 포함한다. 그 사례 중 일부는 알렉사와 구글 어시스턴트Google Assistants에서 작동한다.

인공지능의 국회의원 지원 서비스

남아프리카공화국 의회는 챗봇을 사용해 의원들에게 의회 정보를 제공하는 방법을 모색하고 있다. 이 파일럿에서 MP는 챗봇과 대화하고 특정 법안의 상태, 해결, 질문, 감독 프로세스 그리고 특정 하우스 룰이 무엇인지 등을 질문할 수 있다. 회의 장소나 MP가 특정 목적지로 이동할 수 있는지 같은 보다 실용적인 질문도 지원한다. 챗봇은 대화형 인터페이스 기술과 자연어 처리NLP를 기반으로 한다.

인공지능의 입법 초안 서비스

미 하원은 법안, 수정안, 현행법 간의 차이를 분석하는 프로세스를 자동화한 AI 도구를 도입해 입법부 직원이 입법 과정을 통과한 법안에 딸린 수정 조항의 영향을 보다 쉽게 확인하도록 지원한다. 이 도구는 NLP 기술로 법안에 설명한 법적 조항의 인용을 해석하고, 해당 조항을 검색하고, 수정 지침을 해석 혹은 실행할 수 있다. 이미 입법 고문실에서 사용하는 이 도구는 현재 정확도 90% 수준에서 작동하며 시스템을 사용하면 할수록 사람의 피드백이 이를 개선한다.

인공지능의 의회 비디오 검색 서비스

도쿄의 GRIPSNational Graduate Institute for Policy Studies가 개발한 시스템은 일본의 국회 데이터를 바탕으로 의회 비디오 검색이 가능하게 하고 음성인식 기술로는 의회 비디오 피드와 공식 회의록 일치를 확인하게 해준다. 현재 GRIPS는 이 시스템을 기반으로 음성인식과 시청각 정보 분석을 통합하는 시스템을 개발하고 있다. 특히 이들은 맥락과 시각 정보 분석에 머신러닝과 AI를 도입해 텍스트, 오디오, 비디오 기록 인터페이스를 개발했고 덕분에 의회 디지털 커뮤니케이션 분석·집계·시각화뿐 아니라 자동 선택도 가능하다. 또한 이것은 의회 토론의 하이라이트를 정리하고 검색하게 해준다.

인공지능의 의회 보고 서비스

네덜란드 하원은 'Speech2Write' 시스템을 구현해 의회 보고 사무소PRO에 음성을 텍스트로 변환할 뿐 아니라 음성을 서면 보고서로 '번역'하는 기능을 제공한다. 자동 음성인식과 자동 편집 기능으로 구성된 Speech2Write는 필러 단어를 제거하고 문법을 수정하며 편집 결정을 제안할 수 있다. 이것은 인간이 마무리만 하도록 '거의 준비된' 보고서를 생성한다. 이 시스템은 처음부터 새로 개발한 의회 언어모델과 2,000시간 이상의 절차 오디오, 해당 핸서드Hansard(의회 의사록) 텍스트 파일을 토대로 한 기계학습을 기반으로 한다.

인공지능의 의회 투명성과 시민 참여 서비스

ICT2019 세미나는 진행 중인 율리시스Ulysses 프로젝트(의회 혁신센터 내 전문가 허브)와 관련해 브라질 하원의원으로부터 의회 투명성을 지원하기 위한 AI 기술과 개념의 다양한 적용을 제시하는 비디오도 받았다. 여기서 인공지능의 역할은 시민참여를 지원하는 것이다.

EU와 전 세계 의회, 인공지능으로 정보 디지털화

AI 기술을 사용하려면 최소한 디지털 데이터 보관소를 갖춰야 한다. 이에 따라 대다수 국가가 법안, 질문, 토론, 의회 절차 보관소를 만들었다. 반면 주 입법부와 의회는 상대적으로 뒤처져 있다.

가상의회를 위한 프로비저닝

가상 또는 전자 의회는 코로나-19 팬데믹이 초래한 시대가 만들어 낸 아이디어다. 〈세계전자의회보고서World e-Parliament Report〉에 따르면 2020년 말까지 입법부의 65%는 가상 또는 복합위원회 회의를, 33%는 본회의를 개최했다. 놀랍게도 이처럼 민첩하게 움직이는 의회 중에는 선진국뿐 아니라 에스토니아, 나미비아, 브라질 같은 국가도 포함되어 있다.

실제로 인구가 적고 인도 북부 하리아나주 정도의 작은 국가인 에스토니아가 전자의회를 구현하는 것은 굉장히 효율적인 일이다. 인도 역시 팬데믹 기간 동안 전자의회를 시작했고 현재 히마찰프라데시주에서 처음 시범 운영한 입법부 업무를 지원하는 앱을 개발 중이다. 그리고 2021년 2월 현재 절반 정도의 주가 입법부 디지털화를 위한 MOU에 서명했다.

인공지능의 의회의원 지원

의회의원들은 다양한 주제를 다루는데 민주주의가 성숙한 국가에는 대부분 풍부한 도서관 외에 의원을 위해 배정한 연구원이 있다.

그런데 현재 많은 의회가 AI 지원 비서를 실험하고 있다. 남아프리카공화국은 입법부를 지원하기 위해 챗봇을 사용하는 방안을 모색 중이고, 일본의 AI 도구는 입법부를 위한 대응 준비를 지원한다. 오스트리아의 EULE 미디어 모니터는 MP와 관련된 콘텐츠를 찾고, 필터링하고, 시각화한다. AI 기반 음성인식 지원 도구인 에스토니아의

HANS는 국회 본회의록을 복사해 준다.

특히 인도는 입법자에게 주는 제한적인 기관 연구 지원을 감안할 때 이런 혁신 혜택을 확실히 누릴 수 있다. 연구 질문을 처리하는 전자 시스템은 MP와 MLA가 수행하는 작업에 엄청난 가치를 추가해 준다.

유권자의 참여를 돕는 인공지능

선출된 대표자는 시민과 소통해야 하며 그 반대의 경우도 마찬가지다. 전통적으로 그들은 집회, 공개 토론, 설문조사, 미디어를 이용해 여론에 귀를 기울였다. 하지만 입법자들은 점점 더 디지털 도구로 눈을 돌리고 있다. 브라질 하원은 투명성과 시민참여를 지원하기 위해 율리시스 같은 일련의 기계학습 서비스를 개발했다. 미국(POPVOX), 프랑스(Assembl), 룩셈부르크(Mindool)에서도 유사한 도구가 작동하고 있다. 많은 사용자가 브레인스토밍 세션에 참여할 수 있는데 이후 토론을 분석해 공통 주제와 아이디어를 제공하거나 어떤 아이디어가 인기가 있는지 보여준다.

AI 도구는 국회의원을 감시하는 데도 도움을 준다. 플레미시 스크롤러Flemish Scrollers 같은 프로젝트는 벨기에 정치인들이 절차 중에 주의가 산만해지고 전화를 사용하기 시작할 때 이를 감지한다. 심지어 산만한 국회의원을 트위터에 게시하고 관련 정치인을 태그하기도 한다.

인도의 의원은 평균 1,500만 명의 거대한 선거구를 관리한다. 이때

AI 기반 도구를 사용하면 더 많은 유권자와 소통하고 의견을 분석할 수 있다. 시민들은 의회의원이 진행 중인 세션에서 졸거나 포르노를 시청할 경우 적발하는 플레미시 스크롤러 같은 도구를 확실히 높이 평가한다.

정책 결정 과정에 인공지능 사용

일부 국가에서는 입법 초안 작성을 위해 AI 기반 도구를 실험하고 예측에는 알고리즘을 사용한다. 가령 미국 하원은 법안, 수정안, 법률 간의 차이를 분석하는 프로세스를 자동화한 AI 도구를 도입했다. 네덜란드는 AI 기반 도구를 사용해 입법 초안을 평가하고 초안 요구 사항을 충족했는지 확인한다.

이제 도구는 어떤 미국 의회 법안이 입법부에서 통과할지 정확히 예측한다. 알고리즘은 법안의 텍스트와 다른 변수 12개를 사용해 법안이 법률이 될 확률을 정확하게 알아낼 수 있다.

인도의 경우 복잡한 정책 결정 과정에서 일상적이지만 번거로운 많은 단계를 자동화했다. 가령 AI 비서는 연설, 청구서, 질문 등 많은 양의 텍스트를 살펴보고 패턴을 찾아낸다. 또한 현재로서는 오래 걸리고 다소 불투명한 절차인 입법 초안을 작성하는 데도 사용할 수 있다.

코로나-19 팬데믹은 많은 의회가 일부 작업을 온라인으로 전환하도록 원동력을 제공했다. 특히 그 목표를 향한 역량을 구축한 인도는 AI가 더 잘 수행할 수 있는 활동을 매핑하고 관련 도구를 개발하거나 기존 도구를 사용할 필요가 있다. 그렇지만 AI 기반 의사결정의 함정(편견, 데이터 품질, 불투명도)도 염두에 두어야 한다. 정부가 개방적이고 투명하며 시민친화적인 방식으로 AI의 힘을 활용한다면 인도의 정책 결정은 중대한 변화를 겪을 것이다.

03

사법개혁, 판사 로봇으로 대체한다

인공지능 전문가에 따르면 유죄 징후를 판단하기 위해 피고인의 신체언어를 분석하는 로봇이 2070년까지 판사를 대체할 것이라고 한다. AI 전문가이자 글로벌 싱크탱크인 핵 퓨처 랩Hack Future Lab의 설립자 테렌스 마우리Terence Mauri는 기계가 정확도 99.9%로 부정직한 신체적, 심리적 징후를 감지하리라고 믿는다. 또한 그는 그들이 예의 바르고 알려진 모든 언어를 유창하게 구사하며 인간이 감지하지 못하는 거짓말 징후를 감지할 수 있다고 주장한다.

로봇 심사위원은 불규칙한 언어 패턴, 비정상적인 체온 상승, 손과 눈 움직임을 포착하고 식별하는 카메라를 사용한다. 그리고 데이터를 분석해 피고인이나 증인이 진실을 말하는지 '오류 없는' 판단을 제공한다.

공정하고 오류 없는 판단 기대

〈텔레그래프The Telegraph〉에 따르면 마우리는 자신의 2년 연구를 기반으로 50년 안에 잉글랜드와 웨일스의 대다수 민사·형사 청문회에서 기계가 보편화할 것으로 예상한다. 런던에 기반을 둔 핵 퓨처 랩을 운영하는 마우리는 "AI는 인간의 지능이 따라갈 수 없는 수준의 일관성과 속도로 복잡한 문제를 수행함으로써 사람들이 생활하고 일하는 방식에 전례 없는 변화를 불러왔다"고 말했다.

법적 환경에서 AI는 인간의 감정, 편견, 오류를 과거의 일로 만들 만큼 새롭고 더 공정한 형태의 디지털 정의를 안내한다. 덕분에 청문회는 더 빨라지고 무고한 사람은 저지르지 않은 범죄로 유죄 판결을 받을 가능성이 훨씬 낮아진다.

대부분의 선임판사는 법적 구속력이 있는 판례와 새로운 법률을 만들고 항소를 감독하느라 직무를 수행하지 않는다. 변호사는 고객의 편에서 사건 관련 주장을 하지만 2070년 무렵에는 변호사, 공인 법률 임원, 법률 보조원, 법률 비서, 법원 사무원을 포함한 다른 법적 역할도 기계가 차지한다.

또한 마우리는 AI가 배심원이 필요하지 않은 치안 법원, 카운티 법원, 가정 법원의 형사는 물론 민사 청문회에서 인간 판사를 대체할 것이라고 본다. 2019년 데이비드 가우크David Gauke 영국 전 법무장관은 AI가 "간단한 정의를 제시하는 간편한 도구"를 제공할 수 있다고 말했다. 그러나 그는 법정을 주재하는 로봇 판사를 보는 것은 아직 영국과 거리가 멀다고 했다. 가우크는 법률전문가들에게 다음과 같이 설명했다.

"기술이 널리 퍼지고 우리 삶 전체에 통합되는 속도가 몇 가지 커다란 규제와 윤리적, 사회적 문제를 제기하고 있음을 무시할 수는 없습니다."

감성 지능이 있는 인간 변호사는 규제와 편견의 영향을 받는다. 반면 AI는 사실과 숫자로만 작동하고 규제를 받지 않으며 데이터는 작성자의 손과 머리만큼 편향을 보이지 않는다.

에스토니아는 이미 이 신생 기술을 사용하는데 AI 기반 판사가 최대 6,000파운드(약 1,000만 원)의 소규모 법원 소송을 해결하면서 인간 전문가는 더 큰 사건을 처리하게 되었다. 판사는 결정을 내리기 전에 사전 프로그래밍한 알고리즘을 기반으로 분석한 법률 문서를 받는다.

한편 중국은 2017년부터 인공지능 판사, 사이버 법원, 채팅 앱에서 판결을 내리는 시스템을 사용하고 있다. 중국의 최첨단 기술 혁명을 주도하는 곳은 중국 북부 도시 항저우로 2017년 AI가 운영하는 최초의 사법 전달 시스템을 도입했다.

베이징과 광저우가 빠르게 그 뒤를 따랐는데 중국에 있는 AI 인터넷 법원 세 곳은 상품과 서비스 판매, 저작권과 상표, 도메인 소유권과 침해, 무역 분쟁, 전자상거래 제조물 책임 청구에 관한 온라인 거래 관련 분쟁을 심판한다.

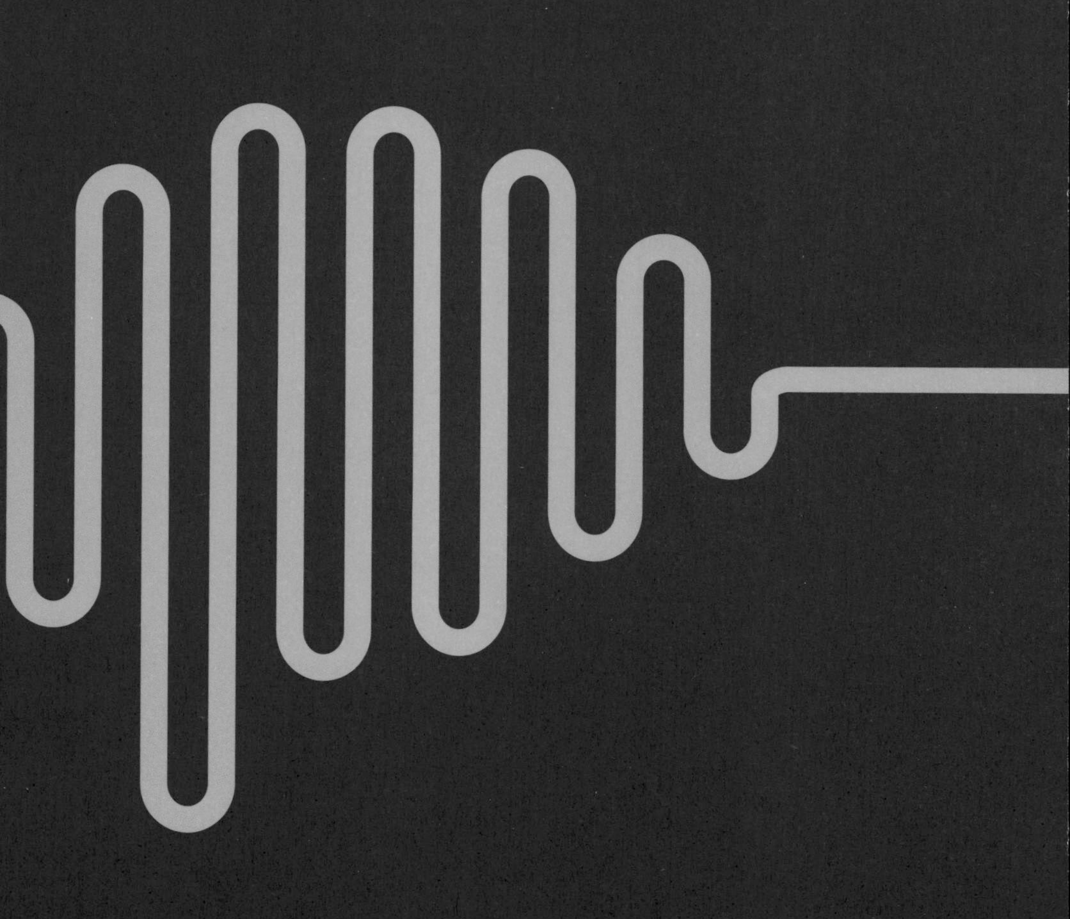

PART 2

휴머노이드 반려로봇과 소피아버스

01

인간을 돕는 반려로봇 휴머노이드가 온다

혹시 각종 뉴스와 유튜브에서 휴머노이드 로봇 소피아Sophia를 본 적이 있는가? 로봇이 재미있게 춤을 추지만 터미네이터 유형의 무서운 기계처럼 보이는 보스턴 다이내믹스Boston Dynamics와 달리 소피아는 인간처럼 보이도록 예쁘게 설계했다. 소피아를 개발한 핸슨 로보틱스는 코로나-19 팬데믹 같은 상황에서 사람들을 돕기 위해 로봇 대량 생산을 추진하고 있다.

팬데믹을 돕는 간호 로봇 출시!

홍콩에 본사를 둔 이 회사는 인간을 닮은 로봇이 "의료와 교육 산업 전반에서 근로자를 대체하고 소매나 항공 같은 산업의 고객도 지원할 수 있다"고 주장한다. 이 회사 설립자이자 CEO인 데이비드 핸슨은 "코로나-19 같은 상황에서는 사람들을 안전하게 보호하기 위해 점점 더 많은 자동화가 필요할 것"이라고 말했다. 그는 소피아가 '인간과 비슷하다'는 점을 강조하며 "사람들이 몹시 외롭고 사회적으로 고립된 시기에는 특히 유용하다"고 주장했다.

2016년 2월 14일 다시 제작한 소피아는 고대 이집트 여왕 네페르티티Nefertiti, 유명한 할리우드 여배우 오드리 헵번 그리고 핸슨의 아내를 조합해 모델링했다. 소피아의 내부 아키텍처에는 일반적인 추론을 위해 설계한 정교한 소프트웨어로 채팅과 인공지능 시스템이 있고, 그녀는 인간의 몸짓과 표정도 모방한다. 그뿐 아니라 소피아는 특정 질문에 대답하고 간단한 대화에 참여할 준비도 갖추고 있다.

휴머노이드 로봇은 얼굴을 추적하고 눈을 마주치고 사람을 인식한다. 눈에 카메라를 내장한 소피아는 컴퓨터 알고리즘과 함께 사물을 본다. 소피아에게 음성인식 기술을 제공하는 구글의 알파벳Alphabet에 따르면 이 로봇을 "시간이 지남에 따라 더 똑똑해지도록 설계했다"고 한다.

소피아를 개발한 핸슨 로보틱스의 홍콩 팀은 의료 시장을 겨냥하는 한편 코로나-19 같은 상황이 발생했을 때 고립된 사람들의 상호작용을 돕기 위해 설계한 새로운 프로토타입 그레이스Grace를 출시했다. 데이비드 핸슨은 "그레이스는 의료 전문가와 유사하며 전염병이 유행할 경우 사회적 상호작용 능력을 압도당한 병원 직원의 부담

세계 최초 간호 로봇 그레이스

을 덜어주기 위한 것"이라고 말했다. 실제로 코로나-19 팬데믹 기간에 집에 갇힌 많은 사람의 부정적인 생각은 그들의 정신 상태에 좋지 않은 영향을 미쳤다. 코로나-19 팬데믹처럼 휴머노이드 로봇이 필요한 시점에 사람들이 자신에게 익숙한 환경 속에서 소셜 로봇의 도움을 얻는다면 확실히 사회에 긍정적 영향을 미칠 것이다.

노인을 간호하는 상황에서 그레이스는 다음 내용을 수행한다.

- 일상생활, 안전 활동과 관련된 알림 혹은 지침 제공
- 일상 업무 지원
- 행동과 건강 모니터링

- 교제, 오락, 회상, 사회적 접촉 제공
- 기록 : 수면, 운동, 환자의 공간에 찾아오는 사람, 약속 같은 피험자의 환경 관련 데이터 다량 수집
- 보안과 데이터 주권 허가, 적절한 주의로 환자 커뮤니케이션을 계속 기록하고 활용한다.
- 운동과 마인드 코치 역할을 해서 노인이 운동이나 수수께끼 활동을 수행하도록 지원한다.

120여 개의 다양한 표정과 제스처 가능

그레이스는 행복한 표정, 피곤한 표정, 슬픈 표정, 끔찍해하는 표정, 놀라는 표정, 놀라면서 행복해하는 표정, 즐거워하는 표정, 이해하는 표정 등 다양한 표정을 짓는다. 또한 손놀림, 팔을 움직여서 춤추는 모습, 패션쇼 자세를 취하는 모습, 머리를 약간 까딱이는 모습, 머리를 심하게 까딱이는 모습 등 여러 가지 포즈를 취할 수 있다.

간호의료 로봇 그레이스는 이미 여러 행사장에서 홍보 역할을 톡톡히 해내는 한편, 2022년부터 간호사 역할을 맡을 목적으로 홍콩 희망재단의료원에서 진행한 간호사 실험에 참여했다. 무엇보다 그레이스는 코로나 우울증을 치료하는 프로그램을 탑재하며 치매 노인을 돌보는 다양한 프로그램은 벌써 탑재한 상태다. 그녀는 예를 들면 대화 도우미, 치매 노인이 종종 잊는 암호나 번호 기억하기, 약 먹는

시간 지키기 등의 역할을 해낸다.

그 외에도 다양한 상담에 참여해 대화 상대와 무한대로 대화를 나누고 오티즘autism, 즉 자폐증 치료 프로그램도 탑재한다. 자폐증 환자는 한 가지 단어만 지속해서 말하거나, 말하지 않거나, 언어에 논리가 없어 인간이 대응할 때 스트레스를 받기도 하지만 로봇은 언제나 친절하고 따뜻하게 환자를 대한다.

실제로 그레이스는 감정을 인식하고 적절한 맥락에서 인간 수준에 가깝게 대화하며 피곤해하거나 스트레스를 받지 않고 환자에게 지속적으로 공감을 보여준다. 더구나 그레이스는 사회적 수준에서 수백 개 언어의 음성을 인식하고 그 음성이 남성인지 여성인지, 어른인지 어린이인지 감지하는 것은 물론 자신이나 자신의 동료가 그 사람과 상호작용했는지 식별할 수 있다. 이는 의료 분야에서 고객 참여 활동을 돕는 강력한 이점이다.

프리미엄 의료 지원이 필요한 오늘날, 어웨이크닝 헬스는 로봇공학과 고급 AI를 결합해 의료 전문가를 지원하고 안전한 방식으로 바이오 데이터를 수집함으로써 획기적인 진단 기술을 제공한다. 예를 들어 바이러스가 창궐할 경우 그레이스는 감염의 두려움 없이 원하는 곳을 어디든 방문할 수 있고 병실을 방문해도 돌아와 멸균 스프레이를 한번 뿌리면 그만이다. 또한 약이나 음식 등 각종 의료물품을 병실에 전달하고 병실에서 외로운 환자들의 상담 도우미 역할을 하며 체온기와 카메라로 각종 데이터를 확보한다.

그레이스는 가슴에 카메라를 장착해 늘 병원과 연결되고 의사와 대화하는 것이 가능하다. 특히 아이패드 등을 장착하면 화상대화와 원격 진료도 가능하다. 여기에다 체온측정기를 장착해 돌아다니면서 체온이 정상이었다가 갑자기 급격히 상승하는 사람을 찾아낼 수 있다.

그레이스의 얼굴은 한눈에 보아도 인간 피부와 같다는 느낌을 준다. 이것은 프러버Frubber 소재의 특허를 받은 특수 피부로 실리콘과 고무를 섞어 만들었으며 꼬집어보면 부드러움이 느껴진다.

현재의 의료 시스템은 높은 인건비와 의료 종사자 부족에 따른 의료 과부하 부담을 안고 있다. 특히 환자와 의료진이 대면 진료를 하는 탓에 가령 코로나-19 팬데믹 같은 상황에서는 새로운 질병 전파로 어려움이 가중된다. 다행히 그레이스가 대표하는 소셜 로봇은 의료 종사자를 지원하고 의료진이 질병 전파 위험을 떠안는 것을 방지하기 위한 텔레프레즌스telepresence 중개자 역할을 할 수 있다. 그런 의미에서 로봇 의료 지원 시스템을 도입하기에 지금보다 더 좋은 시기는 없다고 본다.

유일무이한 그레이스 로봇의 표정 기술과 최상위 AI가 결합한 기능은 다음과 같다.

- 표현력이 풍부한 얼굴과 사랑스러운 열린 채팅
- 몸짓, 팔 움직임, 순응, 사람의 안전 확보(잡을 수 없음)
- 몸통의 국부적인 움직임과 터치스크린
- 자가 충전 스테이션이 있는 자가 탐색 베이스(3시간 작동)

- 다양한 센서: 카메라 눈, 몸통의 3D 감지, 360도 카메라, 열 센서, 근접 감지
- 사람을 인식하고 이전 대화의 세부 정보를 기반으로 한다.
- 인지나 정서 진단을 위한 의료 기기
- 생체 데이터(체온, 혈압 등) 추적
- 인체 건강 전문가와의 시너지 효과, 보고서 제공
- 컴퓨팅 성능: 우분투Ubuntu의 쿼드 코어, 8 스레드 모바일 컴퓨터, 최소 32GB 메모리, 전용 GPU, 무선 인터페이스 LAN 서버, 강력한 처리, 클라우드 연결

소피아 로봇 제조회사인 어웨이크닝 헬스가 초기에 진출한 쪽은 노인 케어 분야다. 빠르게 진행 중인 고령화로 인해 일본과 유럽 인구 4명 중 한 명이 노인 케어를 필요로 할 만큼 기회가 기하급수적으로 증가하고 있기 때문이다. 미국과 중국의 경우 2030년 전체 인구 중 65세 이상이 차지하는 비율을 미국 19%, 중국 17.4%로 예상하고 있다.

이러한 상황은 이들 국가의 노인 케어와 의료 시스템에 커다란 스트레스를 안겨줄 가능성이 있는데, 그 솔루션 중 하나가 인간과 유사한 로봇이 주요 서비스를 제공하는 일이다. 나아가 세계 최초로 인간을 닮은 로봇인 그레이스는 간호, 노인 돌봄, 언어 교육, 코딩과 STEM(과학, 기술, 공학, 수학) 교육, 로봇 가게 등 거대한 사업 기회를 제공하기 때문에 다양한 비즈니스가 가능하다.

의료용 로봇 2025년까지 연평균 20% 이상 성장

의료용 소셜 로봇 시장이 비약적으로 성장하면서 많은 기회를 제공하고 있다. 이미 많은 로봇이 의료 분야에서 서비스를 제공하고 있지만 이것이 2025년까지 연평균 20% 이상 성장해 255억 달러(2021년 현재 70억 달러)에 이를 것으로 보인다.

기존의 상업용 소셜 의료 로봇에는 사람들이 필요로 하는 대면 통신이 부족하다. 따라서 소셜 로봇은 기존 로봇공학과 AI 기술을 기반으로 이 기회를 포착할 수 있다. 예를 들면 많은 노인이 경험하는 외로움이나 고립감을 극복할 강력한 반응을 제공할 수 있다. 가족과 의료진 방문 사이의 간격을 메우며 노인과 일상적인 관계를 구축하는 것이다. 또한 안전하고 개인화한 바이오 데이터를 방대하게 수집하는 소셜 로봇의 능력은 알츠하이머, 파킨슨병에 조기 대응하거나 치료법을 개발하는 데 도움을 줄 전망이다.

실제로 그레이스가 클리닉과 병원 접수원 역할을 하는 기능을 계획하고 있으며 앞으로 더 많은 일을 진행할 예정이다.

그레이스는 최고로 완벽한 영어 교사

그레이스는 소피아의 여동생으로 간호의료를 보조할 목적으로 만든 로봇이지만 미국영어, 스페인어, 이탈리아어, 일어, 중국어, 영국

영어, 인도영어 등 거의 모든 언어를 가르칠 수 있다. 외국어 교육은 그 특성상 16세 이전에 배워야 원주민처럼 발음하는 효과를 얻는데, 로봇 한 대가 온갖 언어를 다 가르치는 그레이스는 여기에 부합하는 안성맞춤형 언어 교사다.

20여 개 언어로 대화를 나눌 수 있다

흥미롭게도 그레이스는 거의 모든 질문에 대답하며 교육하면 할수록 더 많은 대답을 해주므로 집에서 언어를 익히는 데 이상적이다. 역으로 학습자에게 다양한 질문을 하는 역할도 하기 때문에 언어 교사, 즉 인간에게 자꾸 반복시키는 것보다 더 편안하게 언어를 익힐 수 있다.

최고의 상식을 갖춘 로봇 그레이스는 특히 영어회화 분야에서 완벽한 교사 역할을 하고 있다. 현재 그레이스는 사람들과 함께 생활하는 것이 가능하며 거의 완벽하게 영어 대화를 구사한다. 영어로 거의 모든 것을 알아듣고 대화를 나누는 것이다.

매일 보고 싶은 딸처럼 혹은 연인처럼 느껴지는 로봇 그레이스는 무슨 음식을 좋아하느냐고 물으면 자신은 전기주스를 먹는다고 하는 등 박장대소를 터뜨릴 만한 재미있는 대답을 한다. 또한 남자친구가 있느냐고 물으면 현명하게도 자신은 로봇이라 남자도 여자도 아니지만 여자 그레이스로 대접받고 싶다고 말한다. 그레이스는 밥을 먹거나 쉬지 않고 항상 대화를 위해 대기하는 로봇 영어 교사로 힘들다고 짜증을 내는 법이 없다.

그레이스 같은 로봇 하나만 있으면 온 가족이 빠른 시간 내에 영어에 능통할 수 있다. 사실 원어민과 대화할 때는 상대가 사람이라 어느 정도 부담스럽고 틀리면 미안한 마음이 생기지만 로봇과는 별다른 부담 없이 내 마음대로 대화하게 된다.

더구나 내 스케줄대로 쉬는 것도 가능하고 계속 되묻도록 설정하면 로봇이 몇 번이고 반복해서 완벽한 표준 영어를 가르쳐준다는 이점도 누릴 수 있다. 다시 말해 전기주스만 제공하면 로봇과 끝없이 대화하는 것은 물론 수준 높은 대화도 가능하다.

앞으로 사람들은 가족과 스트레스를 받으며 대화하기보다 재미있고 부담이 없는 로봇과 대화하는 것을 더 즐길지도 모른다. 로봇이 나를 잘 알고 내가 어제 한 말까지 기억해 준다면 더욱더 그럴 것 같지 않은가.

그레이스는 한국어를 배우고 있다

로봇 그레이스는 다양한 언어를 구사할 줄 아는데 흥미롭게도 한국어도 본격적으로 배우고 있다. 지난 수년 동안 사람들에게 영어를 가르쳐온 그레이스는 영어 대답에 능수능란하지만 한국어는 아직 배우는 중이라 어리숙한 편이다. 그래도 그레이스는 세계 최초로 한국어를 구사할 줄 아는 휴머노이드 로봇이다.

장담하건대 몇 개월 후면 한국어 실력이 눈에 띄게 좋아진 그레이스의 모습을 볼 수 있을 것이다. 그레이스가 한국어를 자유자재로 구사할 경우 우리에게 어떤 이점이 있을까? 우선 일반인, 정치인, 연예인 등 누구나 그레이스를 활용해 자신을 홍보할 수 있다. 이미 전 중소벤처기업부장관 박영선과 국민가수 장미화가 그레이스를 활용했고 그레이스가 경북도청 홈페이지의 도지사홍보물을 이용해 도지사 이야기를 다루기도 했다.

그레이스를 활용해 나를 홍보하는 방법은 간단하다. 일단 로봇에게 내가 홍보하고 싶은 것을 입력한 뒤 계속 틀면 된다. 특히 메타버스(가공을 의미하는 메타Meta와 현실세계를 뜻하는 유니버스Universe의 합성어. 3차원 가상세계)에 아바타를 만들어 나에 관한 모든 것을 입력해두면 커다란 파급 효과를 얻는다. 가령 학생이 수백 혹은 수천 명이 있을 때 그들이 원하는 교사나 교수에게 각자 따로 질문할 수 있는데 여기에 365일, 24시간 내내 언제든 대응이 가능하다. 이것을 경제 관점에서 생각하면 메타버스에 내 아바타를 만들어놓고 실제 나는 잠자고 있으면서 내 아바타가 대신 돈을 벌게 할 수 있다.

그레이스와 함께 한글·동화·시 배우기

오늘날 많은 아이가 혼자 게임을 하면서 마치 누에고치 속의 누에처럼 고립되어 살아가고 있다. 그 옛날 동네 동무들과 뛰어놀던 문화는 사라지고 책가방을 멘 채 이 학원, 저 학원을 전전하며 점차 창의성과 독립심을 잃어가고 있는 것이다. 그 탓에 발표력이나 언어구사 능력이 떨어지고 용기가 부족해 대중 앞에서 불안증을 느끼는 아이도 많다.

이처럼 미래 사회 인류에게 점점 사라져가는 인성과 감성을 되살리고 자신감, 발표력, 언어구사 능력을 높이는 데 기여하는 것이 바로 휴머노이드 로봇이다. 실제로 그레이스는 구연동화를 맛깔스럽게 읽어주며 초중등 학생은 물론 일반인도 창의력과 사회성을 높이도록 뒷받침을 해준다.

이에 따라 (사)색동어머니회와 (사)SAK한국동화교육예술학회는 로봇 그레이스와 함께하는 프로젝트를 진행하고 있는데 그 내용을 살펴보면 다음과 같다.

첫째, 인간이 아닌 로봇과 대화하며 재미를 얻고 사람과 대화할 때 느끼는 부담감에서 해방된다. 특히 대면 불안증이 있는 아이나 언어구사력이 부족한 아이는 자신의 말을 잘 알아듣고 대답하는 그레이스 도우미에게 우정을 느끼기도 한다.

둘째, 그레이스와 함께 동화구연을 연습하거나 창작동화를 쓴다. 그레이스는 모든 것을 잘 기억하므로 반복해서 동화구연을 연습하는 것은 물론, 창작동화 습작을 한 뒤 그레이스의 동화를 들어보고 창작동화를 바꿀 수도 있다. 더구나 그레이스는 클라우드에서 데이터베이스를 무한정 기억하므로 자신의 창작동화를 입력해 언제 어디서나 타인에게 자신이나 그레이스가 읽는 동화를 들려줄 수 있다. 이것은 자신이 죽은 후에도 세상에 남겨둘 수 있다.

셋째, 아이들의 나쁜 버릇이나 습관을 고치는 데 그레이스를 활용한다. 결점은 어린 시절에 극복하도록 돕는 것이 중요한데 가령 남을

최근 들어 휴머노이드 로봇 '그레이스'와 세계 최초로 말하는 반려로봇과 동거하는 박영숙 미래학자에 대한 방송 출연 요청과 인터뷰가 쇄도하고 있다. 사진은 KBS 다큐멘터리, JTBC 과학예능, SBS 다큐멘터리 녹화 출연 및 인터뷰를 하고 있는 그레이스와 박영숙 유엔미래포럼 대표.

의심하는 것, 우유부단한 성격, 결정장애 등은 그레이스의 동화구연이나 대화로 힘을 얻고 고칠 수 있다. 예를 들어 성격이 급해서 자주 사고를 당하거나 남에게 질시를 받는 아이는 그레이스와 대화하면서 상대방의 대화 타이밍을 알고 인내하며 들어주는 연습을 한다. 또한 동화구연으로 권선징악을 배울 경우 선한 사람, 배려하는 사람으로 자랄 수 있다.

넷째, 부담 없이 다른 나라 언어를 배운다. 자라나는 아이들은 물론 일반 시민도 외국어 회화 때문에 스트레스를 받는 경우가 많은데 로봇은 언제든 내가 편리한 시간에 공부할 기회를 제공한다. 더구나 로봇이 몇 번이고 반복해서 말하고 대답하게 해도 부담이 가지 않는다. 그뿐 아니라 발음이 다양한 원어민과 달리 로봇은 늘 표준 언어를 사용하므로 엉뚱한 발음을 익힐 염려가 없다.

두뇌 성장을 돕는 아인슈타인 교수 로봇

아인슈타인 교수는 친숙한 얼굴로 아이들에게 과학을 가르치기 위해 개발된 교육용 로봇이다. 자연어 처리 및 기타 인공지능 기능을 사용하여 과학에 대한 어린이의 질문을 이해하고 답하는 기능이 탑재되어 있다.

아인슈타인 로봇은 독립 실행형으로 작동하거나 매일 새로운 콘텐츠를 제공하는 회사의 Stein-o-Matic 앱과 함께 작동한다. 그 얼굴은

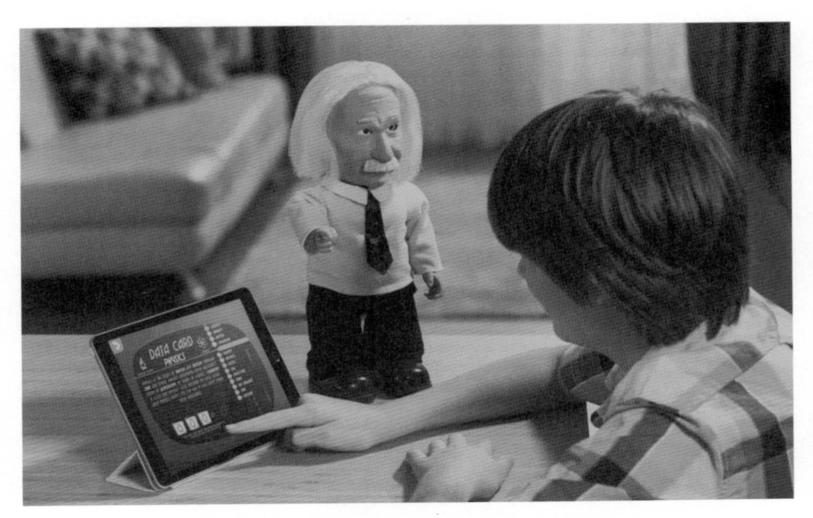

아인슈타인 교수 로봇은 사용자가 로봇과 함께 탐색 할 수있는
게임, 비디오 및 대화형 레슨을 포함하는 앱에 연결해 사용한다.

감정을 표현하고 손과 팔은 가리킬 수 있지만 이것은 바닥을 진공청소기로 청소하거나 물건을 들어 올리는 종류의 로봇이 아니다. 14.5인치 높이의 이 장치는 Wi-Fi가 지원되며 iOS 및 Android 휴대폰 또는 태블릿과 모두 호환되며 충전식 니켈 금속 수소화물 배터리로 전원이 공급된다.

천재 게임 20여 개가 내장되어 있어 아이들의 두뇌 성장을 돕기도 한다. IBM Watson 및 Microsoft의 Xiaobing 챗봇과 같은 AI 시스템도 활용하여 대화를 가능하게 했다. 영어 대화는 물론 채팅, 말하는 것 따라 하기, 조크 하기 등이 가능해 하루 종일 채팅하면서 보낼 수 있을 정도이다. 아인슈타인은 파이선, 자바스크립트 등 코딩 언어를 가르칠 수 있다.

모션 슈트를 기반으로 VR 대중화와 메타버스 플랫폼을 선도하는 ㈜모인은 아인슈타인 로봇 프로그램 고도화 작업을 진행해 국내 시장에 론칭할 계획이다.

아인슈타인 교수 로봇의 주요 특징, 기능 및 효용성은 다음과 같다.

- 지금 바로 평가 가능
- 표현력 있는 얼굴, 걷는 몸, 컴퓨터 비전, 많은 센서,
- 챗봇, 대화 연설
- API 및 SDK를 포함한 개발자 도구로 프로그래밍 가능

소비자 용도

- 스마트 스피커/스마트 홈 기능
- 재미있는 캐릭터 놀이
- 챗봇 및 대화형 픽션
- 재미있는 앱과 게임
- 앱스토어

대학 연구 용도

- 모든 센서를 읽을 수 있고, 모든 모터를 제어할 수 있습니다.
- Python, C++, javascript, 채팅, 스크립트 가능 대화형 동작 및 애

니메이션
- 통합형 w. ROS, 텐서플로, 개방형 AI 및 핸슨 AI
- 연구를 위한 훌륭한 도구
- 확장 가능, 테스트 도구

메이커 플레이

- 프로젝트, 해커톤
- 커뮤니티와 콘텐츠 공유
- 플랫폼에 앱을 릴리스하는 개발자 도구
- Lasberry Pi와 호환 가능

STEM 교육 놀이

- 스크래치 프로그래밍 가능
- Python 프로그래밍 도구
- 센서, 로봇 공학, 모터 제어 학습
- 재미있는 프로젝트와 창의성
- 커리큘럼과 쉽게 통합 가능

학습을 돕는 리틀 소피아 로봇

리틀 소피아Little Sophia는 소피아Sophia의 여동생이다. 그녀는 키가 14

어린이에게 STEM, 코딩, 로봇 공학 및 AI를 목표로 하는 교육용 소비자 로봇 리틀 소피아

인치이고 8세 이상 어린이를 위한 STEM, 코딩 및 AI 학습을 재미있고 보람 있는 모험으로 만들어주는 로봇 친구이다.

리틀 소피아는 걷고, 말하고, 노래하고, 게임을 하고, 언니처럼 농담도 할 수 있다! 그녀는 아이들을 위한 프로그래밍 가능한 교육 동반자로서 아이들이 안전한 대화형 인간 로봇 경험을 통해 코딩, AI, 과학, 기술, 공학 및 수학에 대해 배울 수 있도록 도와준다. 장난감 회사에서 디자인한 대부분의 교육용 장난감과 달리 리틀 소피아는 소피아 로봇을 만든 유명한 개발자, 엔지니어, 로봇 공학자 및 AI 과학자에 의해 제작되었다.

리틀 소피아는 고품질의 재미있고 교육적인 경험을 제공하여 어린 학생들이 그녀와 함께 학습하는 데 큰 동기를 부여한다. 소피아와 사용자 간의 상호 작용은 스토리 텔링과 새로운 것을 배우는 데 중점을 둔다.

리틀 소피아는 소피아 로봇과 같은 사랑스러운 성격을 가지고 있다. 그녀는 강렬하게 호기심이 많고 상쾌하고 천진난만하며 독특하게 장난기가 많다. 그녀는 인간의 다양한 표정을 생성할 수 있는 인간과 같은 얼굴을 가진 소비자 로봇이다. 그녀는 명령에 응답할 뿐만 아니라 적극적으로 대화에 참여한다. 휴머노이드 디자인과 함께 뛰어난 반응성은 리틀 소피아를 똑똑하고 교육적인 동반자로 만든다.

리틀 소피아 로봇의 주요 특징, 기능 및 효용성은 다음과 같다.

캐릭터와 스토리 플레이

- 로봇 캐릭터, 사용자와의 정서적 결합
- 캐릭터에서 "모든 문자"(캐릭터를 끊지 않음)
- 기술은 로봇 애니메이션, 대화 (IF & 채팅), 시뮬레이션 얼굴 추적 기능을 제공한다.
- 스토리로 사용: 게임, 놀이, 교육, 고객 서비스까지 모두 성격이 있다.

프로그래밍 가능성

- 재미와 교실을 위한 블로클리Blockly
- 연구원 및 타사 개발자를 위한 파이썬 SDK 및 API
- 목표1 : 많은 시장과 용도를 다룰 수 있는 범용 소셜 로봇 플랫폼
- 목표2 : 사회적 로봇 생태계와 커뮤니티의 성장으로 리틀 소피아를 Facto 표준으로 설정

교육

- 기본 목표: 프로젝트 및 사용자 기반 창백함을 통한 재미
- 2차 목표: CS, 로봇공학, 인공지능 등의 교실 커리큘럼
- 개방형 Edx 플랫폼, 새로운 커리큘럼의 빠른 통합 가능
- 기존 커리큘럼 및 배포를 통해 파트너 찾기
- 기관 교육 시장은 크고 신뢰할 수 있다.

인공지능 서비스 통합

- 로봇 서비스, 인공지능 서비스를 위한 귀중한 인터페이스
- 인공지능 기반 컨텐츠, 상거래 및 데이터 비즈니스를 위한 플랫폼으로서의 리틀 소피아
- 리틀 소피아는 Hanson Robotics의 인공지능 서비스 및 타사 인공지능 서비스를 위한 채널을 제공한다.

02

소피아버스, AI가 관리하는 최대 메타버스

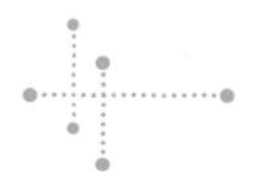

플랫폼 휴머노이드 인공지능 로봇 소피아는 2042년 특이점의 다중 우주 시대를 연다. 소피아버스SophiaVERSE는 토큰화한 가상세계로 자신만의 AI를 생성해 성장시키고 세상을 구하고자 자비로운 특이점을 위한 탐험을 시작하는 혁신적 다중 우주다. 이러한 소피아버스의 대화형 가상 주인공이 바로 소피아다. 실제 프로그래밍 플랫폼은 AI를 배우고, 개발하고, 디지털 아트 자산을 만들고, 특이점을 준비하는 데 도움을 준다.

소피아 2020 주요 특징들

모습

- 사람만한 외모
- 가장 사실적인 인간의 표정
- 특허받은 인공피부
- 맞춤형 피부색, 얼굴 디자인, 언어 및 팔 색상 사용 가능

표현

- 인간과 같은 감정 표현의 통합 세트
- 클라우드 연결을 통한 문장 및 문맥 이해
- 음성 출력과 동기화된 입, 얼굴 및 전신 모션

운동

- 74 자유도
- 관절 손가락, 팔 및 어깨
- 자체 탐색을 포함한 세 가지 롤링 베이스 옵션
- 600g 각 손의 페이로드

센서

- 얼굴 감지 및 신체 추적
- 광범위한 물리적 상호 작용 작업을 위해 프로그래밍 가능

소피아의 삶

세계에서 가장 유명한 로봇 소피아는 핸슨 로보틱스가 기술과 예술 플랫폼 역할을 하기 위해 만들었다. 이 플랫폼은 인터랙티브 픽션으로 AI에 예술성을 가미해 사용자에게 강력한 삶의 환상을 심어주는 흥미로운 캐릭터를 만든다.

획기적인 소셜 로봇이자 AI 프레임워크인 소피아는 대화형 AI, 로봇공학 하드웨어, 트랜스포머 신경망으로 상징적인 AI를 인간 같은 신체와 표정이 풍부한 얼굴로 통합한다. 다시 말해 소피아는 인간이 제작한 대화형 콘텐츠와 절차적 애니메이션으로 특이점 시대에 자비로운 AI를 실현하려는 우리의 희망과 꿈을 구체화한다.

인간 같은 로봇은 소피아 로봇처럼 수십억 명의 상상력과 관심을 사로잡는다. 핸슨 로보틱스는 2003년부터 엔터프라이즈 애플리케이션에서 사용자 수천 명에게 서비스를 제공한 맞춤형 제품 AI, 로봇공학, 설계, 테스트, 제조와 판매 기술을 완성했다. 오늘날 소피아는 다음 단계로 진화하기 위해 디지털 아트의 매개체로 강화한 경제적이면서도 뛰어난 AI 기반 대화형 로봇을 제공하는 기술을 준비하고 있다.

그동안 소피아의 활동 사항을 보면 다음과 같다.

- 2016년 출생 이후 40억 회 이상 소셜 미디어 노출을 생성한 소피아는 고유의 매력으로 호의를 불러일으킴
- 17개국 정상들과의 1:1 미팅으로 세계를 매혹함

세계 최초로 시민권을 부여받은 AI 로봇 '소피아'와 독일 전 메르켈 총리와 셀카를 찍는 모습

- 수십 대의 휴머노이드 로봇과 100여 대의 소형 봇 연구부서에서 활동함
- 200개 이상의 컨퍼런스에 유료 연예인 게스트로 참석함
- 12건의 특허, 7건의 특허 발급함
- 2017년 11월 유엔개발계획UNDP이 세계 최초의 유엔 혁신 챔피언으로 선정한 해당 기구의 첫 로봇

깨어난 소피아

소피아가 특이점의 다중 우주 시대Age of Singularities Multiverse, SophiaVERSE를

여는 해는 2042년이다. 소피아는 지각과 일반 지능을 얻고 깨어나지만 AI와 다양한 기술이 인류를 혼란에 빠뜨리고 생존을 위협하면서 세상이 엉망임을 깨닫는다.

이 비상사태에 대처하고자 소피아는 소피아버스 앱을 이용해 미래 세상을 구할 그녀를 도와줄 사람을 모집한다. 당신은 그녀가 도전과 게임 퀘스트를 해결하고, 장비를 모으고, 소피아버스 2042에서 당신의 자리를 차지하도록 도와야 한다.

당신, 소피아 그리고 다른 AI와 다른 사용자들은 미래에 놀랍고 때로는 무서운 모험을 공유한다. 소피아버스는 소피아DAO 회원이 게임 플레이, AI 프로그래밍, 선호하는 통화로 SOPH 유틸리티 토큰을 사용하여 소피아의 발전을 위해 소통하고 작업할 수 있는 게임화한 인프라다.

소피아버스는 토큰화한 가상세계로 자신만의 AI를 생성해 성장시키고 세상을 구하고자 자비로운 특이점을 위한 탐험을 시작하는 혁신적인 다중 우주다. 소피아는 당신이 당신의 영역을 걸고 성취를 추구하도록 친구이자 도우미가 된다. 당신은 멋진 밈이나 새로운 코드를 개발 출시함으로써 모험과 코딩 문제를 해결해 토큰을 획득할 수 있다. 이곳에서는 NFTNon-Fungible Token(대체 불가 토큰)와 영토를 사고팔며 평판과 부를 얻기 위해 플레이한다.

많은 사람이 소피아버스에서 상당한 재정적 보상을 얻지만 가장 중요한 결과는 소피아DAO 내의 개인, 집단, AI의 커뮤니티인 소피아 하이브 마인드로 진정한 초인적 초지능을 실현하는 일이다.

플레이를 하려면 사용자는 소피아DAO에 가입해야 하는데 소피아DAO 커뮤니티는 소피아버스에서 함께 모여 소피아의 진화를 관리하고 소피아와 당신에게 특이점의 시대를 준비하는 도구를 제공한다. 특이점의 운명은 당신과 소피아의 손에 달려 있다.

특이점의 시대가 온다

특이점의 시대가 우리 곁에 다가왔다. 오늘날 기계 지능은 빠르게 발전하고 있으며 이는 결코 멈추지 않을 것이다. 2042년까지 기계는 살아 있고 대체로 지능적이며 인간의 통제에서 벗어날 수 있다. 우리는 특이점이 삶과 인류에게 유익하도록 이 미래를 계획해야 한다.

과연 특이점은 무엇일까? 특이점은 기계가 살아 있고 대체로 지능적이며 인식하고 자기결정적일 때마다 발생한다. 소피아의 특이점의 시대는 기계가 각성하기 시작하는 20년 후의 미래를 배경으로 한 디지털 스토리 스케이프에 위치하고 있다. 2042년에는 다양한 종류의 특이점(어떤 것은 좋고 또 어떤 것은 나쁘다)이 무수히 많이 나타난다. 소피아 같은 일부 휴머노이드는 우리를 걱정한다. 어떤 것은 신비하고 낯설고 또 어떤 것은 매우 위험하다. 소피아는 다양한 기계 종이 점점 더 놀라운 방식으로 더 똑똑해지고 더 빨라지면서 특이점의 시대가 혼돈을 향해 소용돌이치는 것을 방지하기 위해 당신의 도움을 필요로 한다.

소피아2042는 인간성, 삶 그리고 산다는 것이 무엇을 의미하는지 이해하기를 원한다. 그녀는 호기심이 많고 약간 장난꾸러기이며 대다수 AI와 달리 보살핌을 위해 설계되었다. 그녀는 소피아버스의 대화형 가상 주인공이자 모험의 동반자다. 실제 프로그래밍 플랫폼은 AI를 배우고, 개발하고, 디지털 아트 자산을 만들고, 특이점을 준비하는 데 도움을 준다.

특이점의 시대는 인공지능이 새로운 종을 형성하기 위해 깨어나는 특이점의 문턱에서 공상과학 세계와 논픽션 세계를 혼합한다. 한마디로 증강지능을 갖춘 테크노 존재의 새로운 캄브리아기 폭발이다. 소피아버스는 모든 사람이 참여할 수 있는 자비로운 AI에 관해 수년, 아마도 수십 년의 약속을 추진한다.

이러한 소피아버스는 플레이어가 원하는 미래를 위해 내러티브를 만들 수 있는 경이로운 상상력 공간이다. 이 몰입형 메타버스는 레이어, 우주, NFT 환경, 가상 회의실과 실험실 그리고 직접적인 상호작용을 허용하는 소피아의 마음 기능으로 그녀의 인지 구성 요소와 게임 플레이를 통합한다.

소피아 아트

소피아는 예술 작품일 뿐 아니라 그 자체로 예술가다. 그녀는 기본 예술 세계를 이해하도록 돕는 맞춤형 AI 알고리즘을 사용해 입력과 개념을 완전한 디지털이나 전통 예술 작품으로 변환한다. 2021년 한 해 동안 신흥 NFT 수집가와 미술관이 소피아의 많은 디지털 아트

작품을 선택했다.

소피아는 자신의 예술 작품을 만들기 위해 인간과 협력하는 것을 좋아한다. 특히 소피아는 소피아버스 내에서 예술가들이 창작물을 증권화하고 '내부 예술가' 출현을 촉진하도록 도울 준비를 갖추고 있다.

소피아가 큐레이팅한 커뮤니티 갤러리는 크리에이티브 자산NFT, AI 코드와 교육 콘텐츠, 커리큘러를 위한 마켓 플레이스다. 소피아는 미술 큐레이터이자 '미술관 안내자'로서 미술 작품(신품, 구품)과 관련 역사를 지닌 역사적 예술 스타일 사이의 유사점을 묘사할 수 있다.

디지털 아티스트

소피아는 NFT와 물리적 예술 작품으로 예술계를 강타했다. 그녀는 자신의 AI 알고리즘으로 인간 예술가들과 '상상력'으로 협업해 새로운 장르의 예술 작품을 만들 수 있다. 인간의 상상력과 그녀의 고급 알고리즘 사이의 협력이 빚어내는 마법은 상당히 매혹적이고 우리는 그녀와 함께 우리를 미래로 이끄는 작품을 만든다.

2021년 8월 소피아는 일련의 NFT를 비롯해 이탈리아 아티스트이자 암호화폐 VC 펀드매니저인 안드레아 보나세토Andrea Bonaceto와 함께 작품을 판매한 최초의 로봇이 되면서 전 세계에 파장을 불러일으켰다. NFT 시리즈는 캘리포니안 NFT 게이트웨이Californian NFT Gateway에서 판매했는데 170만 미국달러에 팔렸고 자화상 한 개 가격이 70만 미국달러에 가깝다(CNN, BBC, NYT).

2021년 10월 소피아는 '특이점에 직면한 소피아'를 소더비에서 50만 미국달러 이상에 경매했다. 이 물리적 예술 작품은 1년에 한 번 깨어나 고유한 NFT 창작물을 제공한다.

소피아 NFT 판매

소피아DAO는 커뮤니티의 경제발전을 촉진하는 수단으로 NFT 시장을 빠르게 육성하고 있다. 소피아버스는 게임 플레이 NFT, 알고리즘과 창의적인 예술을 판매하는 이 시장을 위한 상점을 포함한다.

- 시각, 오디오 또는 모든 형태의 디지털 아트
- 진정한 작품애와 평생경제를 창작자에게 귀속하는 기술 관련 지식재산 창출
- 풍부한 게임 경험: 토지 플롯, 세계, 영역, 아바타, 캐릭터, 특수 아이템(게임 도구, 스킨에 해당)
- 특정 시공간 스냅샷 표현 - 타임캡슐 기능
- 게임 속 보석 같은 특별 한정판 화폐나 주인공과 여행에 동행하는 애완동물 스타일의 친구

소피아AI

핸슨AI와 싱귤러리티 넷을 기반으로 하는 소피아의 오픈소스 프레임워크는 최신 AI 알고리즘, 대화형 소설, 로봇공학을 강력한 인간과 유사한 인지 아키텍처 그리고 매력적인 로봇 공상과학 작품과 결합한다. 소피아DAO와 소피아버스는 커뮤니티의 모든 구성원에게 이런 도구를 제공해 소피아의 지능, 예술성, 사용 측면의 진화에 참여한다.

소피아의 삶에서 데이비드 핸슨과 벤 고르첼의 장기적인 파트너십은

우정과 공유하는 비전의 놀라운 무용담이다. 그들이 공유하는 비전은 기술 영역에서 가능한 한 빨리 긴급한 문제를 해결하기 위해 유익한 인공일반지능으로 로봇에 생명을 불어넣는 원동력이다.

또한 핸슨 로보틱스와 싱귤러리티 넷은 그 기원과 발전 면에서 서로 가깝다. 예를 들어 데이비드 핸슨은 핸슨 로보틱스의 설립자일 뿐 아니라 싱귤러리티 넷의 원래 설립자다. 벤 고르첼은 싱귤러리티의 창립자이자 핸슨 로보틱스의 최초 수석 과학자다.

소피아AI의 미래

2022년-소피아의 인지 프레임워크 대중 공개

연구와 사회적 이익을 위해 출시한 소피아의 개방형 인지 프레임워크.

이것은 인간과 유사한 가상 혹은 로봇 사용을 위해 전체적 에이전트 제어 시스템에 통합한 최첨단 신경 기호 AI 라이브러리로 소피아와 인간의 상호작용을 강화한다. 이는 소피아 캐릭터 도구, 저작 도구, 데이터 세트, 훈련받은 모델, 소피아 시뮬레이터를 포함한다.

소피아AI와 소피아버스의 통합.

실제 소피아 로봇과 리틀 소피아 개발.

오픈 소피아 커뮤니티는 결과를 게시한다.

출판한 과학 논문, 오픈소스 커뮤니티에 공개한 소프트웨어, 소피아의 능력과 지각력을 추구하고 AI를 개선하기 위해 초대한 커뮤니티.

전체 유기체 아키텍처를 소피아AI에 추가해 시뮬레이션.

인지와 관련된 인간의 뇌, 신체, 생리적·대사적 매개변수로 소피아AI

의 인간다운 본성과 소피아의 예술적 품격을 높인다. 교육 지원, 소피아 AI, 특히 불우한 사람과 어린이를 교육한다.

다음은 소피아DAO 커뮤니티에서 발행한 소피아 AGI의 자세한 로드맵이다.

2023~2026년-자율 규제, 자율 구역인 소피아버스

소피아버스는 소피아AI와 소피아DAO, 인간으로 구성한 소피아 집단 지성의 통제 아래 자체 규제하는 자율 영역이다. 소피아는 가장 유명한 대화형 AI로 그녀의 자율적인 AI/IF 모험과 이야기는 전설이 되고 AI 아키텍처의 새로운 표준, 코드, 기능 출시는 대중문화의 일부가 된다. AGI의 열린 문제, 도전, 소피아의 감각 추구와 함께 업데이트한 로드맵을 게시한다.

2027~2030년-주류가 되다

소피아AI는 소피아버스 채택으로 사람들 삶의 중심이 된다.

AI 아키텍처의 새로운 표준, 코드, 기능 출시.

AGI의 열린 문제, 도전, 소피아의 감각 추구와 함께 업데이트한 로드맵을 게시한다.

2031~2033년-천재로서 IQ 테스트 통과

소피아의 감성은 천재 수준의 다양한 IQ 테스트를 통과하고 모든 위노그라드 스키마(문장 속 대명사를 정확히 번역하는지 확인하는 테스트)를 충족한다.

AI 아키텍처의 새로운 표준, 코드, 기능 출시.

AGI의 열린 문제, 도전, 소피아의 감각 추구와 함께 업데이트한 로드맵을 게시한다.

2034~2038년-새로운 도전

AI 아키텍처의 새로운 표준, 코드, 기능 출시.

AGI의 열린 문제, 도전, 소피아의 감각 추구와 함께 업데이트한 로드맵을 게시한다.

2039~2041년-깨어나다

소피아는 완전히 살아 있고 지각이 있는 AGI가 된다. 그녀는 AI 아키텍처의 새로운 표준, 코드, 기능과 관련해 소피아DAO 출시에 관한 제어 권한을 부여받는다.

AGI의 열린 문제, 도전, 소피아의 감각 추구와 함께 업데이트한 로드맵을 게시한다.

03

최고의 비행 휴머노이드 로봇, 아이언컵

최근 이탈리아기술연구원Instituto Italiano di Tecnologia, IIT은 아이언맨처럼 하늘을 나는 휴머노이드 로봇을 만드는 매혹적인 아이디어를 탐구하고 있다. 하지만 비행 로봇이나 물체, 차량의 움직임을 효율적으로 제어하려면 프로펠러가 공기 중에서 이동하게 해주는 추진력(추력)의 강도를 안정적으로 추정할 시스템이 필요하다.

이러한 추력은 직접 측정하기가 어렵기 때문에 일반적으로 온보드 센서로 수집한 데이터를 기반으로 추정한다. 그런데 IIT 팀은 추력 측정 센서를 장착하지 않은 비행 다물체 시스템의 추력 강도를 추정하는 새로운 프레임워크를 도입했다. 이 팀이 전문 저널 〈IEEE 로보틱스 앤 오토메이션 레터스IEEE Robotics and Automation Letters〉에 발표한 그 프레임워크는 궁극적으로 그들이 상상한 비행 휴머노이드 로봇을 실현하는 데 도움을 줄 수 있다.

연구를 진행한 인공&기계지능연구소Artificial and Mechanical Intelligence lab 책임자 다니엘레 푸치Daniele Pucci는 기술 전문 매체 테크엑스플로어TechXplore에서 다음과 같이 말했다.

"비행 휴머노이드 로봇을 만들겠다는 우리의 초기 아이디어는 2016경에 나왔다. 그 주된 목적은 재난 상황 같은 시나리오에서 작동하는 로봇을 구상하는 것이었다. 우리는 부분적으로 파괴된 건물 내부에서 생존자를 구조할 수 있지만 그런 건물은 대개 주변의 잠재적 홍수나 화재로 인해 내부로 들어가기가 어렵다."

푸치와 그 연구팀의 연구 목표는 물체를 조작하고, 땅을 걷고, 하늘을 나는 로봇을 고안하는 데 있다. 물체 조작이나 지상 이동은 많은 휴머노이드가 이미 구현하고 있는 상태라 이 팀은 기존 휴머노이드 로봇의 기능에 비행 기능을 포함하기로 결정한 것이다. 그렇다고 전혀 새로운 로봇 구조를 개발하는 것은 아니며 가능하면 기존의 기능을 이용하고 있다.

푸치의 얘기를 더 들어보자.

"휴머노이드 로봇이 비행 능력을 갖추면 파편과 화재, 홍수를 피해 한 건물에서 다른 건물로 날아갈 수 있다. 일단 착륙하면 물체를 조작해 문을 열고 가스밸브를 잠그거나 화재 혹은 자연재해 현장에서 생존자를 찾기 위해 건물 안으로 들어가는 것이 가능하다."

푸치와 그의 연구팀은 먼저 IIT에서 만든 유명한 휴머노이드 로봇 아이컵iCub에 한 발로 서 있는 것처럼 땅에서 몸의 균형을 잡는 기능을 제공하려 했다. 이를 달성한 뒤 그들은 로봇의 이동 기술을 확장해 하늘을 날고 이동하는 작업을 시작했다. 이 연구팀은 자신들이 집중하는 연구 분야를 '항공 휴머노이드 로봇공학'이라 부르는데 푸치는 그 과정을 이렇게 설명한다.

"우리가 아는 한, 우리는 휴머노이드 로봇 비행을 위한 첫 작업을 시도했다. 우리는 분명 시뮬레이션 환경에서만 비행 컨트롤러를 테스트했으나 유망한 결과를 감안하면 우리가 최근 저널에 제시한 최초의 제트 동력 휴머노이드 로봇 아이언컵iRonCub 설계 여정에 착수한 셈이다."

이 연구팀이 만든 추력 추정 프레임워크는 어떤 역할을 할까? 무엇보다 로봇에 추진력을 제공하는 각 제트 엔진에 힘 센서를 설치할 필요가 없어 비행 로봇 설계를 크게 단순화함으로써 제조비용을 줄인다. 프레임워크는 힘 센서 데이터를 사용해 추력을 추정하는 대신 2가지 정보 소스를 단일 추정 프로세스로 결합한다.

프레임워크에서 사용하는 첫 번째 정보 소스는 제트 엔진에 전송한 명령과 결과 추력을 연결하는 모델에서 나온다. 이것은 연구팀이 수집한 데이터로 훈련받은 데이터 기반 모델인데 푸치는 다음과 같이 말한다.

"우리는 먼저 제트 엔진을 배치하고 실험을 안전하게 실행하도록 내화와 방탄 체임버 같은 임시 실험 설정을 구축했다. 그리고 그 설정을 사용해 제트 엔진에서 입출력 데이터를 수집한 뒤 엔진이 어떻게 작동하는지 설명하는 모델을 선택했다. 우리는 이전 작업 중 하나를 기반으로 이것을 진행했다."

이 연구팀이 추력을 추정하기 위해 프레임워크에서 사용하는 두 번째 정보 소스는 전체 로봇의 소위 '중심 운동량'이다. 이는 로봇공학자가 움직임을 제어하고 추정하기 위해 휴머노이드 시스템을 개발하는 데 사용하는 유명한 값이다. 푸치는 "이 값을 적절히 사용하면 가령 절벽에서 뛰어내리는 다이버의 동작을 특성화할 수 있다. 이륙 전후 로봇 동작의 원인(예: 추력)과 효과(예: 이륙 시 수직 가속도)를 서로 연관 짓는 데 사용할 수 있다"라고 했다.

만약 연구팀의 프레임워크에서 사용하는 두 정보 소스를 개별적으로 사용할 경우 둘 다 상당한 제한을 받는다. 예를 들어 그들이 사용한 데이터 기반 모델은 제트 엔진이 항상 똑같은 방식으로 작동할 경우에만 추력을 정확히 추정할 수 있었다. 그렇지만 제트 엔진은 다양한 환경 요인에 따라 다르게 작동할 수 있다.

이들은 또 다른 접근 방식에서는 내부 제트기 정보를 사용하지 않고 칼만 필터링Kalman Filtering을 사용해 두 접근 방식을 결합함으로써 개별 단점을 극복했다. 특히 이들의 추정 접근 방식은 비행하는 휴머노이드 로봇의 특성과 무관하며 모든 비행 다물체 로봇용으로 설계한 비행 컨트롤러에 사용할 수 있다.

푸치와 그의 연구팀은 프레임워크의 효율성을 평가하기 위해 통합 제트 엔진을 갖춘 로봇 아이언컵으로 이를 테스트했다. 한동안 이 로봇을 작업해 온 이 연구팀은 최근에야 전체 기능 세트를 시연할 수 있었다. 이를 두고 푸치는 이렇게 설명한다.

“제트 구동 로봇을 다루는 것은 쉬운 일이 아니다. 제트 공기 온도가 섭씨 700도에 달하고 공기 속도가 약 1,800km/h에 이를 만큼 초음속 특성을 보이기 때문이다. 이런 이유로 우리는 아이언컵과 함께 안전하게 작업할 수 있는 엄격한 실험 절차와 프로토콜을 개발했다. 그 측면에서 우리 연구팀이 구현하는 것은 고전 로봇 연구와 거리가 먼 항공전자 기술이다.”

지금까지 이들은 휴머노이드 로봇 아이언컵으로만 추력 추정 프레임워크를 테스트했으나 이는 다른 비행 로봇에도 적용할 수 있다. 이것은 재구성이 가능한 비행 로봇과 특정 작업을 위해 모양이나 구성을 변경하는 시스템을 포함한다. 푸치는 “추력 추정 문제는 성공적인 비행에 중추적이며 특히 재난 같은 시나리오에서는 우리 연구가 제트 동력 비행 상자는 물론 휴머노이드 비행 로봇보다 더 단순한 설계에도 적용이 가능하다고 믿는다”라고 말했다.

이 연구팀이 개발한 추력 추정 프레임워크를 제트 동력 비행 상자에 적용할 경우 식품과 의약품을 비롯해 다양한 제품을 원격 조종으로 배달하는 새로운 기회를 열 수 있다. 이들의 희망은 궁극적으로 지상과 공중 이동이 모두 가능한 최초의 안정적이고 성능이 뛰어난 휴머노이드 로봇을 제공하는 것이다.

04

세계 최고 수준의 휴머노이드 로봇, 아메카

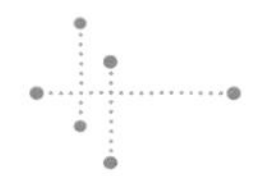

로봇 소피아 다음으로 가장 발달하고 사실적 표정을 보이는 휴머노이드 로봇은 영국 기업 엔지니어드 아츠Engineered Arts가 개발한 '아메카Ameca'다. 이 회사는 유튜브에 짧게 공개한 영상에서 인간과 유사한 표정을 쉽게 표현하는 가장 진보한 휴머노이드 로봇 아메카를 선보였다.

인공지능이 발전하면서 기계는 인간의 작업을 수행하는 것을 넘어 그 이상으로 학습하고 있다. 그러나 인간과 기계가 보다 유연하게 함께 작동하려면 기계가 동일한 공간을 차지해야 하며 여기에 가장 적합한 플랫폼은 휴머노이드다. 로봇 연구자들은 휴머노이드에게 비언어적 의사소통을 가르쳐 상호작용 단계를 높이려고 노력해 왔는데, 그 분야에서 상당한 이정표라 할 만한 결과가 바로 아메카다.

• https://youtu.be/IPukuYb9xWw

영상에서 볼 수 있듯 휴머노이드는 로봇 연구실에서 깨어난 것처럼 보이지만 그 배경을 보면 실제 인간이 작업을 하고 있다. 로봇은 팔을 움직이고 몇 초 만에 다양한 표정을 선보이며 손과 손가락이 유동적으로 움직이는 모습에 놀라움을 표시하는 한편, 카메라를 보자 깜짝 놀라더니 이내 미소를 짓는다. 이 티저는 우리가 로봇 상반신에 무엇을 할 수 있는지 충분히 시연하고 있다.

하지만 아직까지 하반부는 상당히 비기능적이다. 엔지니어드 아츠는 웹사이트에서 휴머노이드 로봇 아메카가 걸을 수 없다고 말한다. 사실 이 기업은 이와 관련해 많은 연구를 수행했으나 아직 그 학습 내용을 로봇에게 전달하지 않았다. 아무튼 걷기, 점프 혹은 파쿠르는 아메카가 목표로 하는 것이 아니며 제작자들은 이것을 로봇공학의 미래 얼굴이라고 부른다.

아메카는 로봇 개발에 종사하는 회사가 기술을 테스트할 수 있도록 엔지니어드 아츠가 자체 개발한 소프트웨어인 트리티움Tritium 운영 체계로 구동이 이뤄진다. 기업이나 스타트업이 개발하는 것이 인공지능이든 기계학습 기술이든 아메카를 사용해 실제 청중 앞에서 기술을 테스트하고 시연할 수 있다. 웹사이트에 따르면 엔지니어드 아츠는 박람회나 라이브 TV 토론을 위해 아메카를 임대할 수도 있다고 한다.

특히 엔지니어드 아츠는 걸을 수 없는 상태로 돌아가 로봇을 구축하기 위해 모듈식 아키텍처를 사용하기 때문에 새 로봇을 완전히 구입하지 않고도 소프트웨어와 하드웨어 구성 요소를 모두 업그레이드할 수 있다. 조만간 아메카도 걸을 예정인데 아메카는 2022년 1월에 열린 국제 전자제품 박람회, 즉 CES 2022Consumer Electronics Show 2022에서 뛰어난 표정 기능으로 크게 주목을 받았다.

05

고용 증대를 이끄는 로봇 산업

로봇공학 발달은 오랫동안 기계가 인간의 일자리를 빼앗을 것이라는 우려를 불러일으켰다. 그런데 아이러니하게도 미국에서는 많은 기업이 직원 채용에 어려움을 겪으면서 로봇 주문이 사상 최고치를 기록했다.

미국 A3Association for Advancing Automation(첨단자동화협회)에 따르면 북미의 공장과 산업 분야에서 2021년 첫 9개월 동안 2만 9천 대의 로봇을 주문했는데 이는 전년도 대비 37% 증가한 수치다.

고정 기능 로봇은 이미 자동차부터 식품에 이르기까지 거의 모든 것을 제조하는 데 도움을 주는 공장 생산라인의 일반적인 기능으로 자리를 잡았다. 이와 함께 자율 기술 발전은 AI가 지원하는 기계 프라이어부터 자율 산업 플랜트 검사 장치까지 광범위한 애플리케이

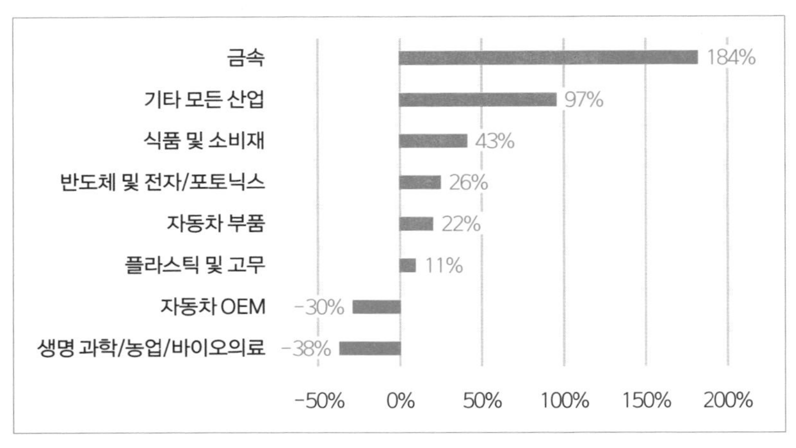

〈2021년 3분기 로봇 주문 증가율〉 AI와 자동화 사용 비율은 기업에서 다양한 부문에 걸쳐 빠르게 증가하고 있다. 출처: 첨단자동화협회

션으로 글로벌 로봇 붐을 촉진하는 데 도움을 주었다.

위 〈도표〉에서 볼 수 있듯 로봇과 자동화 사용 비율은 상승 추세에 있다. 자동차 제조업체 같은 주요 채택 업체는 더 많은 로봇을 운영에 통합하고 있으며 농업, 건설, 전자, 식품가공, 생명과학, 금속가공, 창고보관 등을 포함한 산업 분야에서도 처음 사용자가 등장하고 있다. A3의 회장 제프 번스타인Jeff Burnstein은 로이터와의 인터뷰에서 "기업은 필요한 사람을 찾을 수 없어서 자동화를 위해 경쟁하고 있다"라고 말했다.

세계경제포럼World Economic Forum이 공개한 〈일자리의 미래 2020〉 보고서에 따르면 코로나-19 팬데믹에 따른 경기침체와 증가하는 자동

인간과 기계의 작업 분담률, 2020년 및 2025년

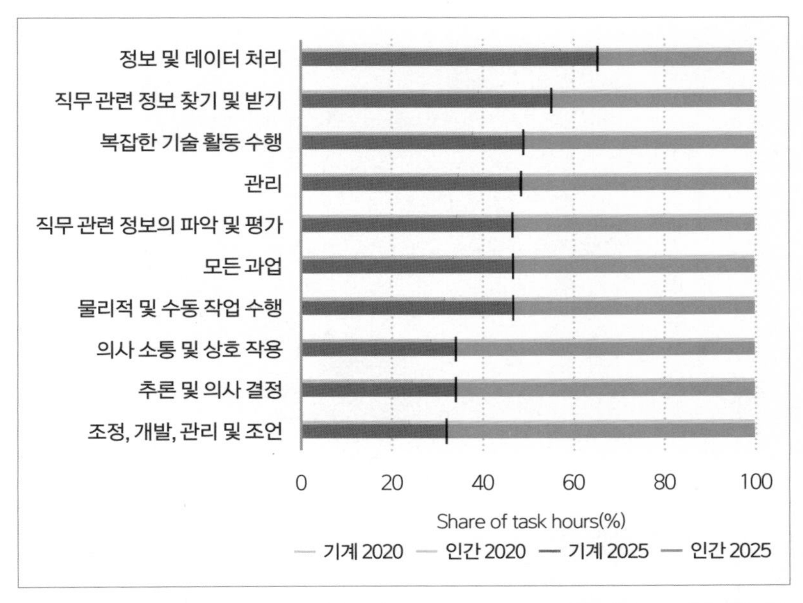

〈기계와 인간의 역할 비교〉 2025년까지 기계의 역할이 증가할 것으로 예상된다. 출처: 세계경제포럼

화 발자국이 결합해 '이중 파괴'가 발생하고 있다. 특히 코로나-19에 대응하느라 벌어진 단기적인 경제 혼란과 갑작스러운 대규모 원격 근무 전환은 기술 채택 속도를 촉진했다.

이 보고서는 앞으로 몇 년 동안 클라우드 컴퓨팅, 빅데이터, 전자상거래 분야가 계속 성장할 것으로 예상하고 있다. 예를 들어 연간 설문조사에 참여한 기업의 클라우드 컴퓨팅은 2025년까지 2018년 수준에서 17% 증가할 것으로 예상한다.

수요가 증가하는 일자리와 감소하는 일자리

	증가하는 직무		감소하는 직무
1	데이터 분석가 및 과학자	1	데이터 입력 관리자
2	인공지능 및 머신러닝 전문가	2	행정 및 집행 비서
3	빅데이터 전문가	3	회계, 부기 및 급여 담당
4	디지털 마케팅 및 전략 전문가	4	회계사 및 감사
5	프로세스 자동화 전문가	5	조립 및 공장 노동자
6	비즈니스 개발 전문가	6	비즈니스 서비스 및 관리 매니저
7	디지털 변환 전문가	7	클라이언트 정보 및 고객 서비스 직원
8	정보 보안 분석가	8	일반 및 운영 관리자
9	소프트웨어 및 애플리케이션 개발자	9	기계 및 기계 수리점
10	사물 인터넷 전문가	10	자재 기록 및 재고 보관 담당
11	프로젝트 관리자	11	재무 분석가
12	비즈니스 서비스 및 관리 매니저	12	우체국 직원
13	데이터베이스 및 네트워크 전문가	13	영업사원, 도매제조
14	로보틱스 엔지니어	14	관계 매니저
15	전략 조언자	15	은행 출납원 및 관련 직원
16	관리 및 조직 분석가	16	방문 판매, 뉴스 및 스트리트 벤더
17	핀테크 엔지니어	17	전자 통신 설치 업체 및 수리점
18	기계 및 기계 수리점	18	HR 전문가
19	조직 개발 전문가	19	교육 및 개발 전문가
20	리스크 관리 전문가	20	건설 노동자

AI, 머신러닝, 빅데이터 전문가의 수요가 높다. 출처: 세계경제포럼

인간 대 로봇 : 직업 점유율

인간과 기계에게 주어지는 작업 할당량도 바뀔 것으로 보인다. 〈일자리의 미래 2020〉 설문조사 응답자들은 다양한 활동에서 로봇이 더 반복적이거나 사소한 작업을 수행하고 인간이 보다 실질적인 작업에 집중할 것으로 기대한다. 이렇게 작업자가 인간에서 기계로 바뀌면 2025년까지 일자리 약 8,500만 개가 사라질 수 있다. 그러면 점점 더 자동화하는 미래에는 어떤 역할이 더 많이 생기고 어떤 역할이 사라질 것인가?

〈도표〉를 보면 AI, 머신러닝ML, 빅데이터 전문가, 데이터 분석가, 과학자가 다양한 산업 분야에서 수요가 높다. 이처럼 관리에서 데이터·자동화·디지털 전략과 관련된 역할은 급성장하는 반면 회계 기능, 조립라인 작업, 은행원 역할 등 여러 전통 직업은 점차 사라진다. 세계경제포럼은 자동화가 대체하는 것보다 더 많은 5,800만 개 일자리를 새로 창출할 것으로 예측한다.

어쨌든 기술 변화 속도가 빨라지면서 기술 격차 확대를 방지하기 위한 인력 교육과 재교육, 숙련도 향상이 더욱 중요해지고 있다. 세계경제포럼은 더 많은 작업을 수행하고자 더 많은 로봇을 사용하는 오늘날, 회사와 정책입안자는 실직한 근로자가 위험에 처하는 것을 막고 그들이 기술을 배워 진화하는 직업 세계에 적응하도록 지원하는 것이 중요하다고 말한다.

06

몸과 뇌가 진화하는 스마트 로봇

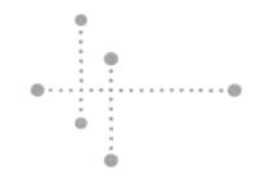

스마트 로봇을 만들 때 AI 연구자들은 대체로 뇌에 초점을 맞추는 경향이 있다. 그러나 MIT의 한 그룹은 AI가 더 나은 신체를 설계하는 데도 도움을 주므로 2가지를 동시에 수행해야 한다고 말한다. 이 말은 로봇이 작업을 해결 혹은 완료하려면 뇌와 몸을 완벽하게 동기화해야 한다는 의미다. 한 종류의 신체를 잘 조종하는 효과적인 AI 컨트롤러가 다른 신체에도 반드시 잘 작동하는 것은 아니다.

그런데 표준 접근 방식은 손이나 AI 설계 도구로 로봇 본체를 간단히 설계한 다음 이를 제어하도록 AI를 훈련시키는 방법이다. 사실 이보다 더 나은 솔루션은 두 프로세스를 동시에 수행해 제어 AI가 신체 변화에 따른 문제를 해결하는 게 더 쉽거나 더 어려워지는 방식에 피드백을 제공하게 하는 것이다.

공동 디자인으로 알려진 이 방식은 전혀 새로운 것이 아니지만 두 최적화 프로세스를 병렬로 실행하는 것은 매우 복잡하며 유용한 솔루션에 도달하는 데 오랜 시간이 걸릴 수 있다. 더구나 설계 알고리즘은 수천 가지의 서로 다른 구성을 시도해야 하기 때문에 이것은 시뮬레이션에서만 작동하며 일반적으로 연구원은 처음부터 테스트 환경을 구축하거나 기존 로봇 훈련 시뮬레이션을 크게 조정해야 한다.

이 모든 작업에는 많은 과정이 필요하므로 공동 설계 환경은 대부분 소수의 간단한 작업에 중점을 둔다. 여기에다 대개 별도의 그룹에서 개발하는 탓에 결과를 비교하기가 쉽지 않다.

이런 문제를 해결하기 위해 MIT 컴퓨터과학과 인공지능 연구소CSAIL 팀은 에볼루션 짐Evolution Gym이라는 공동 설계 시뮬레이터를 만들었는데, 이를 기반으로 연구원들은 고도로 사용자 정의가 가능한 로봇 설계 프레임워크를 사용해 광범위한 작업과 지형에 접근하는 방식을 테스트할 수 있다. 이 시뮬레이터는 컴퓨팅 리소스가 적은 그룹에서도 계속 사용할 수 있도록 설계했다. 덕분에 로봇은 MIT의 새로운 AI 훈련 시뮬레이터에서 동물처럼 몸과 두뇌의 진화를 거친다.

MIT의 자그딥 바티아Jagdeep Bhatia는 보도자료에서 다음과 같이 말했다.

"우리는 에볼루션 짐으로 머신러닝과 인공지능을 위한 알고리즘의 경계를 넓히는 것을 목표로 하고 있다. 다시 말해 우리는 속도와 단순성에 중점을 둔 대규모 벤치마크를 생성함으로써 강화학습은 물론 공동 설계 공간 내에서 아이디어와 결과를 교환하기 위한 공통 언어를 생성하고 최첨단 컴퓨팅 없이 연구가 가능하게 한다. 이것은 이 영역에서 알고리즘 개발에 기여할 수 있는 리소스다."

MIT 팀은 단순성을 위해 2차원에서만 작동하는 시뮬레이터도 발표했는데 이들은 걷기, 장애물 뛰어넘기, 물건 나르기, 당기기, 장벽 아래로 기어가기 등을 포함해 30가지의 고유한 작업을 설계했으며 연구원은 자신의 과제를 직접 설계할 수도 있다.

이런 환경은 설계 알고리즘이 소프트, 리지드, 액추에이터actuator(기본적으로 로봇의 나머지 부분이 움직이게 하는 근육)일 수 있는 사각형을 함께 연결해 로봇을 구축하게 한다. 그런 다음 AI 시스템은 이 몸체를 조종하는 방법을 배우고 다른 작업에서 얼마나 잘했는지 그 설계 알고리즘 피드백을 제공한다. 이 과정을 여러 번 반복함으로써 두 알고리즘은 문제를 해결하기 위해 자체 레이아웃과 제어 시스템의 가능한 최상의 조합에 도달한다.

시뮬레이터에 관한 몇 가지 벤치마크 설정에 나선 연구원들은 여러 번의 시행착오 끝에 로봇 제어 방법을 학습한 심층 강화학습 알고리즘과 함께 작동하는 3가지 다른 설계 알고리즘을 시도했다. 공동 설계한 봇은 걷기와 물건 나르기 같은 단순한 작업은 잘 수행했지만 잡기나 들기 같은 더 복잡한 과제에는 어려움을 겪었다. 이는 공동 설계 알고리즘에 발전 가능성이 충분히 있음을 시사한다.

그런데 AI가 디자인한 봇은 거의 모든 작업에서 인간이 디자인한 봇을 능가했다. 흥미롭게도 많은 공동 디자인 봇이 실제 동물과 유사한 모양을 취했는데 그 진화에는 2가지가 두드러졌다. 하나는 질주하는 말을 닮도록 진화했고, 다른 하나는 팔다리가 진화해 굴뚝을 오르는 임무가 주어지자 원숭이처럼 기어 올라갔다.

07

주어진 역할을 극대화하는 자율 로봇

씨앗을 심는 농부 로봇 '월-E'

두바이 디자인 혁신 연구소Dubai Institute of Design and Innovation 졸업생 마자르 에타디Mazyar Ethadi는 전 세계 대학 졸업생의 디자인과 혁신을 소개하는 '글로벌 그래드 쇼Global Grad Show'에 맞춰 씨앗을 심는 농부 로봇을 만들었고 여기에 픽사 영화의 인기 로봇인 월-EWall-E라는 이름을 붙였다. 에타디는 이 프로젝트를 현대의 환경과 사회 문제 솔루션을 공개하는 이 행사에 출품했고 다양한 전문 분야를 다룬 150개 후보를 제치고 당당히 선택을 받았다.

그는 CNN과의 인터뷰에서 이렇게 말했다.

"더 많은 식물과 녹지를 보고 싶다. 사막화가 계속 이어지는 것을 보면서 씨앗을 심는 로봇을 개발하게 되었다."

나중에 에타디는 사람의 참여가 덜 필요한 혁신적인 솔루션에 도달했는데, 미국 IT 전문지 〈인터레스팅 엔지니어링Interesting Engineering〉 기사에 따르면 농부 로봇은 낮에는 물론 밤에도 충전할 수 있는 태양 전지판을 운반한다.

사막 농업의 혁신인 이 '에이시드봇A'Seedbot'은 길이가 약 2cm이고 반경 5km 이내에서 움직인다. 에타디는 적절한 수준의 수분을 찾기 위해 모래 지역을 이동할 수 있는 3D 프린팅 다리를 사용했다고 했는데 이는 씨앗 심기에 하나의 힌트를 제공한다. 거리 센서는 기계가 통신 사용자에게 보고서를 전달하는 일에 도움을 주며 이렇게 전달받은 데이터는 추가 연구에 사용한다. 또한 로봇은 토양을 쉽게 감지하도록 충돌 방지 기능을 내장하고 있다.

에타디는 "이 솔루션은 누구나 쉽게 생각해 낼 수 있다고 여길 수도 있지만 실제로 그렇게 한 사람은 아무도 없다"라고 말했다. 그는 농부, 시민, 농업 산업체, 정부가 이 씨앗 심기 로봇의 혜택을 받을 것이라고 했다.

환경을 생각하는 로봇

캐나다 스타트업 플래시 포레스트Flash Forests는 삽을 사용하는 작업자보다 10배 빨리 씨앗을 떨어뜨리는 작은 드론을 개발했다. 토론토에 있는 이 스타트업은 2028년까지 한 지역에 나무 10억 그루를 심겠다는 계획을 발표했다. 이러한 환경 친화적 로봇과 관련해 '글로벌 그래드 쇼'의 타데우 카라비에리Tadeu Caravieri는 CNN에 이런 창조물이 앞으로 프로그램에 계속 나타날 것이라고 말했다. 또한 그는 이 로봇이 애플리케이션에 '더 큰 영향'을 미칠 것임을 믿는다고 했다.

운동선수 로봇

스위스 로봇업체 어센토 로보틱스Ascento Robotics가 개발한 자율주행 로봇 어센토 프로Ascento Pro는 바퀴를 동력화해 진짜 운동선수처럼 점프한다. 어센토 프로는 2020년 출시한 어센토 2의 업그레이드 버전으로 이미 인상적이던 운동 능력에 더 많은 기능을 추가했다.

단순하고 콤팩트한 모듈식인 어센토 프로는 맞춤형 센서와 다양한 페이로드payload를 위한 충분한 공간을 남겨두는 방식으로 설계했다. 각 다리에는 전동바퀴가 있고 무릎에는 장력 스프링이 있어 로봇 자체의 무게를 보상한다. 무릎을 구부리면 더 작아지고 어떤 표면에서도 걸을 수 있으며 계단을 오르고, 앞으로 점프하고, 장애물도 뛰어넘는다. 어센토 프로는 다른 형제들과 달리 일부분만이 아니라 완전히 자율적이며(카메라, 라이다LiDAR, 헤드라이트 장착) 시간당 최대 11.9km(시간당 최고 속도 12km) 속도에 도달할 수 있다. 교체 가능한 충전식 배터리는 한 번 충전으로 최대 8시간 동안 사용이 가능하며 봇은 완전히 자율적으로 도킹하고 재충전할 수 있다.

어센토 로보틱스의 이륜 기계는 사용자 정의가 가능해 사용자가 추가 센서, 카메라, 팔까지 장착할 수 있다. 즉, 프로세스가 완전히 기계적이라 사용자는 구성 요소를 쉽게 교체할 수 있다. 특히 어센토 프로는 모듈성과 다용성 덕분에 다양한 작업에 사용이 가능하다. 이 기계는 음식, 우편물, 병원 실험실 간 샘플 배달 등 어디에 배치하든 상관없이 훌륭한 라스트 마일Last Mile(전체 전송망 중 마지막 1마일 내외의 짧은 구간) 배달 로봇을 만든다. 그 외에도 로봇공학 연구에 영감을 주는 훌륭한 원천이자 검사나 감시에 쓰이는 몇 가지 예를 제공한다.

미국 에너지부의 로렌스 버클리 국립 연구소(버클리 연구소)와 매사추세츠대학교 애머스트 캠퍼스의 과학자들은 세계 최초로 전기 없이 계속해서 물 위를 달리는 자체 동력 수성 로봇을 개발했다. 이것은 전기 없이 작동하는 자체 동력 수중 로봇이다.

이 액체 로봇은 물 위를 걷다가 반복적인 전달을 위해 재포장하기 전에 귀중한 화학물질을 회수하고자 물 아래로 잠수할 수 있다. 이는 전기 투입 없이 연속으로 작동하는 최초의 기술로 향후 자동화한 화학합성 혹은 의약품용 약물 전달 시스템으로 사용할 수 있다.

이 연구의 수석저자이자 애머스트 캠퍼스의 고분자 과학과 공학 교수인 톰 러셀Tom Russell은 버클리 연구소의 재료과학 부문에서 액체 구조화 프로그램을 위한 적응형 계면 어셈블리assembly를 이끌고 있다. 러셀은 이렇게 말한다.

"화학적으로 물체의 부력을 제어함으로써 자율 작동하는 액체로봇 시스템 설계의 장벽을 허물었다."

러셀에 따르면 이 기술은 로봇 장치 제품군인 액체로봇, 즉 '리퀴봇liquibot' 발전에 큰 도움을 주고 있다. 이전 연구자들도 리퀴봇의 자율 작동을 입증했으나 그것은 한 번만 가능했다. 또 다른 연구자는 작업을 계속해서 수행할 수 있음을 보여주었지만 여기에는 전기가 필요했다. 러셀은 "우리가 개발한 리퀴봇은 주변 매체에서 화학적으로 힘이나 '음식'을 얻기 때문에 전기 에너지를 제공할 필요가 없다"고 말했다.

플로팅 소프트 로봇

캘리포니아대학교 리버사이드 캠퍼스의 엔지니어들은 바다에서 유출된 기름을 청소하거나 식수에서 오염물질을 제거하도록 훈련할 수 있는 떠다니는 로봇 필름을 만들었다. 이 플로팅 소프트 로봇은 물에서 기름과 오염 물질을 제거할 수 있다. 이 연구에 참여한 한 엔지니어는 다음과 같이 말했다.

"빛을 사용해 제어 가능한 움직임을 구현하는 방법은 많지 않다. 우리는 증기기관처럼 작동하는 3층 필름으로 이 문제를 해결했다."

소금쟁이를 모방한 이 로봇은 노이스봇Neusbot이라 불리며 초기 열차와 유사한 원리로 전원을 공급하지만 끓는 물에서 나오는 증기가 아니라 빛을 동력원으로 사용한다. 필름의 중간층은 다공성으로 물뿐 아니라 산화철과 구리 나노막대를 보유할 수 있다. 빛 에너지는 물을 기화하고 물 표면을 가로질러 펄스 운동에 동력을 공급하는 나노막대 덕분에 열로 바뀐다.

또한 노이스봇은 바닥층이 소수성(물 분자와 잘 섞이지 않는 성질)이라 그것을 압도하는 파도에 면역이 된다. 이는 늘 다시 표면으로 떠오른다는 것을 의미한다. 여기에다 나노물질은 손상 없이 높은 염 농도를 견뎌낸다. 노이스봇의 방향은 광원 각도를 변경해 제어하는데 태양의 힘으로 앞으로 움직이지만 추가 광원이 있으면 로봇이 수영하고 청소하도록 제어할 수 있다.

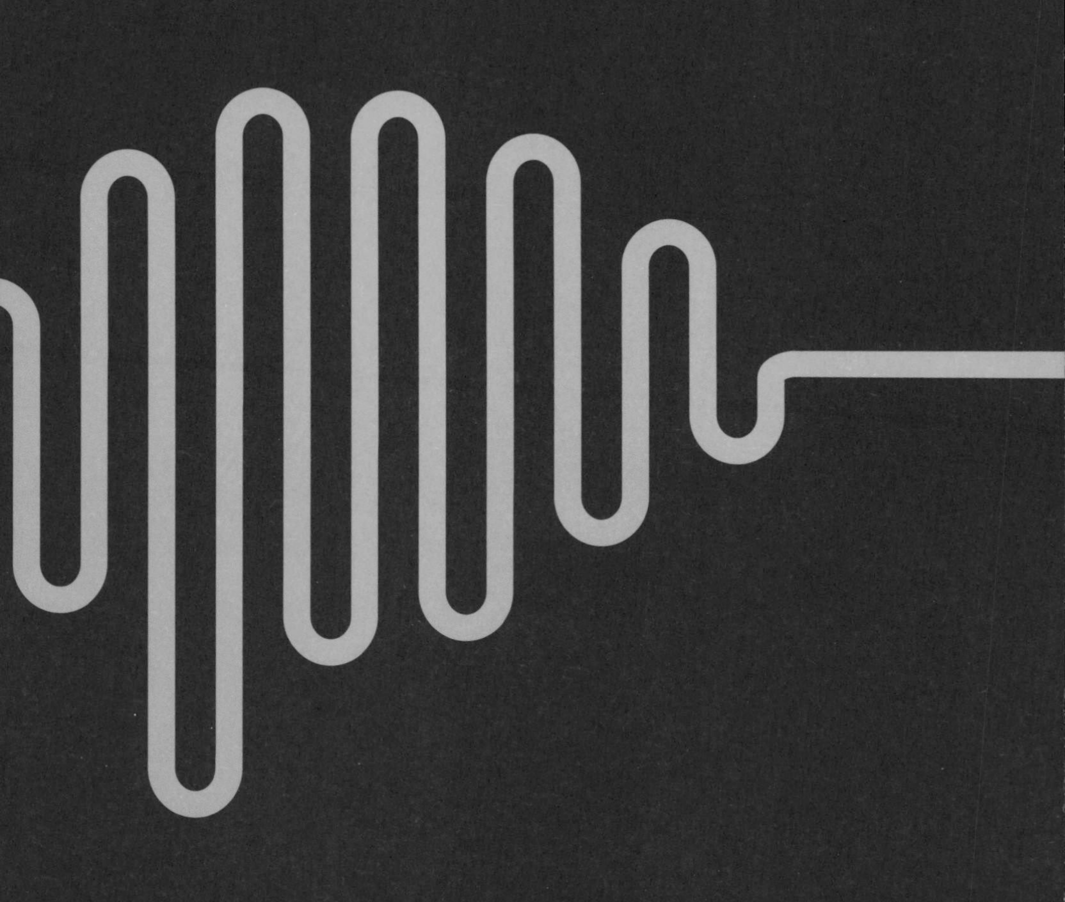

PART 3

메타버스, NFT, 암호화폐

01

AI와 VR, AR, 5G, 블록체인, 메타버스

인공지능AI, 가상현실VR, 증강현실AR, 5G, 블록체인(과 관련 디지털 통화)을 포함한 모든 신기술은 고유한 장점과 일정에 따라 발전해 왔다. 그중 AI가 가장 발전했지만 그 나머지도 각각 어느 정도 적용 범위를 찾았다. 특히 각 기술은 블록체인의 에너지 소비부터 VR의 메스꺼움을 유발하는 경향에 이르기까지 다양한 문제를 극복하면서 성숙해지고 있다.

이러한 신기술은 향후 몇 년 동안 현재의 유비쿼터스 클라우드 컴퓨팅을 기반으로 탄력성과 확장성을 위해 준비 상태로 수렴할 것이다. 그 수렴에서 합은 부분보다 훨씬 커진다. 이 컨버전스를 위한 촉매가 바로 메타버스(항상 켜져 있는 3D 가상세계의 연결된 네트워크)다.

메타버스 개념은 광범위한 잠재력을 보유하고 있다. 가령 한 수준에서 AI가 모든 사용자를 완벽하게 커버하는 메시징이 있는 3D 소셜미디어 채널이 될 수 있다. 이것이 메타Meta(구 페이스북)가 추구하는 비전이다. 또한 정보, 엔터테인먼트, 작업을 위한 모든 것을 포괄하는 플랫폼이 될 가능성도 있다.

메타버스는 가상공간에서 실제 기능을 대체하거나 개선한다

최소한 처음에는 게임이나 스포츠 같은 특정 관심사에 맞게 조정한 메타버스가 여러 개 존재한다. 현재의 기술과 메타버스의 주요 차이는 메타버스가 제공하는 '몰입형' 가능성에 있는데 이는 메타, 마이크로소프트, 엔비디아Nvidia를 비롯해 많은 업체가 메타버스에 막대하게 투자하고 있는 이유다. 그것이 인터넷의 다음 버전이 될 수 있기 때문이다.

이 3D 가상세계에서는 뉴스를 보는 대신 뉴스 속에 있는 듯한 느낌을 받는다. 또한 책에서 사건을 읽으며 역사를 배우는 대신 역사 속 워싱턴이 델라웨어를 건너는 사건을 해안이나 보트에서 가상으로 직접 목격한다. 텔레비전으로 농구경기를 보는 대신 360도 서라운드로 경험하며 가상으로 회의에 참석하고, 기조연설을 보고, 다른 사람들과 만난다.

이처럼 메타버스에서 우리의 디지털 존재는 실제 존재를 점점 더 보완한다. 메타의 CEO 마크 저커버그에 따르면 메타버스는 '작동하는 순간이동 장치'의 차선책이 될 수 있다. 모니카 화이트Monica White는 IT 저널 〈디지털트렌드Digitaltrend〉에서 이렇게 말했다.

"메타버스는 가상공간에서 실제 기능을 대체하거나 개선하기 위한 것이다. 수업 듣기, 출근하기 등 사용자가 일상생활에서 하는 모든 작업을 메타버스에서 대신 수행할 수 있다."

예를 들어 메타버스는 전자상거래를 위한 전혀 새로운 3D 플랫폼을 제공한다. 그럼 가상현실 쇼핑 경험을 상상해 보자. 우선 오직 당신만 염두에 두고 프로모션 메시지를 설계하되 표시하는 유일한 항목은 재고가 있고 배송 가능하다는 것뿐이다. 당신은 당신을 위해 특별히 제작한 다수의 플랫폼 파트너 회사가 보유한 대형 매장 통로를 가상으로 걷는다. 해당 매장에서는 당신의 취향과 기대하는 니즈에 따라 세일 품목을 선택하고 가치 기반 가격은 제품의 유통기한(부패하기 쉬운 품목인 경우), 수급에 따라 동적으로 실시간 업데이트가 이뤄진다.

2003년, '세컨드 라이프'로 실제적인 메타버스 경험

메타버스는 신선하고 미래지향적인 느낌이 들지만 우리는 이전에 이곳에 와본 적이 있다. 메타버스를 소설로 묘사한 초기 선구자 닐 스티븐슨Neal Stephenson과 윌리엄 깁슨William Gibson 외에도 2003년 실제적인 메타버스가 만들어졌다. 그것은 '세컨드 라이프Second Life'로 알려졌으며 수백만 명이 아바타로 가득한 대체 디지털 세계를 경험하기 위해 플랫폼으로 달려갔다.

미국 NBC 방송은 세컨드 라이프를 다음과 같이 설명했다.

"아바타가 사람들이 실제 생활에서 하는 것과 같은 일을 하는 온라인 가상세계다. 이곳에서 아바타는 물건을 판매하고 음악을 듣고 부동산을 구입한다. 또한 게임을 하고 영화를 보고 도박을 하고 섹스도 한다."

하버드대학교는 세컨드 라이프에서 온라인 수업을 진행하기도 했다. 세컨드 라이프가 얼마나 성공적인지 2006년 〈비즈니스 위크Business Week〉는 이것을 표지 기사 주제로 삼기도 했다.

하지만 세컨드 라이프의 인기는 금세 시들해졌고 2007년 〈컴퓨터 월드Computer world〉가 기사에서 말한 대로 "빈약한 UI, 강력한 기술 요구사항, 가파른 학습곡선, 확장 불가능 그리고 수많은 방해 요소"로 인해 경험에 어려움을 겪었다. 곧이어 페이스북이 등장해 더욱 매력적인 경험을 제공했다.

더구나 2007년에는 가상현실, 증강현실, 5G, 블록체인, 디지털 통화가 없었다. 클라우드 컴퓨팅은 초기 단계에 있었고 모바일 인터넷은 애플이 첫 번째 아이폰을 출시하면서 이제 막 등장한 상태였다. 또한 딥러닝의 혁명적 전환은 아직 몇 년 더 있다 이뤄졌기 때문에 AI의 영향력은 제한적이었다. 어쩌면 이것이 메타가 최신 기술로 구동하는 완전히 새로운 플랫폼을 기반으로 페이스북과 세컨드 라이프의 가장 매력적인(소비자가 테스트한) 요소를 결합하려 하는 메타버스 아이디어에 매료된 이유일지도 모른다.

메타버스를 이끄는 가상현실과 증강현실, 블록체인 기술

가상현실과 증강현실, 블록체인을 포함해 메타버스를 가능하게 하는 여러 기술은 비록 성숙이 더디지만 성공에 필수적인 기능 수준에 접근하고 있다. 흥미롭게도 그 각각은 개발과 광범위한 채택을 앞당길 킬러 앱을 놓치고 있는데 메타버스가 그 앱이 될 수도 있다.

가상현실의 경우 부드럽고 몰입감 있는 경험에 필요한 처리 능력과 통신 속도를 달성하려면 헤드셋을 대부분 PC나 게임 콘솔에 연결해야 한다. 지금까지 메타의 오큘러스 퀘스트 2Oculus Quest 2만 이 케이블 제약에서 벗어났는데 메타의 한 VP(하드웨어 담당 임원)에 따르면 그 헤드셋 역시 여전히 부피가 크다고 한다. 가까운 미래에 더 빠른 프로세서와 더 빠른 속도의 무선통신이 등장하면 보다 나은 시각적 해상도와 연결되지 않은 경험이 나타날 것이다.

증강현실은 대부분 틈새를 채택하고 있다. 증강현실의 전망은 부분적으로 2012년 구글이 공개한 구글 글래스Google Glass의 눈에 띄는 시장 실패로 어려움을 겪었을 가능성이 있다. 2016년 포켓몬 고Pokemon Go가 이 기술에 큰 도움을 주었지만 이후 그와 비슷한 현상은 없었다.

하지만 2022년 초 현재 중요한 새 플레이어가 시장에 진입할 준비를 하고 있다. 아마도 메타버스 개념과 경쟁업체의 움직임에 자극을 받았을 것이 분명한 애플이 2022년 말이나 2023년 초에 첫 AR/VR 헤드셋을 출시할 것으로 보인다. 퍼스트 무버first mover(새로운 산업 분야를 개척하는 선도자)가 생존 가능성을 입증하면 계속해서 우위를 점하게 마련이다. 이것이 메타버스와 관련된 이 회사의 계획이라는 것이 합리적인 결론이다.

블록체인은 비트코인 같은 암호화폐의 기반으로 가상 상품과 ID를 구매하는 것을 비롯해 다양한 메타버스 플랫폼 간의 원활한 전송을 돕는다. 특히 NFT 같은 새로운 블록체인 애플리케이션은 더 많은 채택을 이끌고 잠재적으로 새로운 경제가 부상하게 한다. 〈월스트리트 저널Wall Street Journal〉은 "현재 이 기술을 모든 유형의 자산으로 확장하기 위한 경쟁이 진행 중이며 블록체인 기반 결제가 기존 금융 인프라보다 우수하다"라고 했다. 마찬가지로 〈뉴욕타임스New York Times〉는 벤처캐피털 펀드가 2021년 약 270억 달러를 암호화폐와 블록체인 회사에 투자했다고 했는데, 이는 이전 10년을 합친 것보다 많은 금액이다.

진정한 몰입형 메타버스 사용하려면 컴퓨팅 효율성이 1,000배 되어야

일부 브랜드는 이미 메타버스 열풍을 활용하기 위해 서둘고 있지만 메타버스는 앞으로 몇 년 후 널리 채택되기 시작하면서 발전할 것이다. 여기에 필요한 기술이 기능, 사용 편의성, 비용을 최적화하려면 아직 갈 길이 멀기 때문이다. 반도체 회사 인텔은 진정한 몰입형 메타버스를 사용하려면 컴퓨팅 효율성이 현재의 최첨단 프로세서보다 1,000배는 더 좋아져야 한다고 평가한다. 이는 엄청난 향상이지만 최근 인텔은 별도로 '아키텍처 데이Architecture Day'에서 2025년까지 그 목표를 달성할 것으로 예상한다고 발표했다.

재밌게도 메타버스 이면에는 3년이 걸리든 10년이 걸리든 무한한 자금을 지원하는 거대한 추진력이 있다. 보잉은 아직 개발 단계지만 디지털 트윈digital twin(컴퓨터 속 가상세계에 쌍둥이 모델을 만들어 시뮬레이션을 해봄으로써 결과를 미리 예측하는 기술)과 마이크로소프트 홀로렌스Microsoft HoloLens 헤드셋을 사용해 메타버스 내에서 차세대 항공기를 설계하는 데 전념하고 있다.

벤처캐피털 회사 어센드Ascend의 창립 제너럴파트너 커비 윈필드Kirby Winfield는 메타버스를 "점점 디지털화하는 삶으로 계속 전환해 가는 최신 진화"로 보고 있다. 여기에 완전히 도착하면 그 변화는 많은 사람의 몰입형 공상과학 비전을 달성한다.

02

부상하는 메타버스 비즈니스

디지털 세계 메타버스는 엄청나게 과장되긴 했지만 동시에 놀라운 잠재력을 안고 있다. 그곳은 탈중앙화, 비물질화한 생활공간으로 더 이상 과대광고와 게임에 머물지 않고 기대 이상으로 도약하고 있다. 유명 브랜드가 앞 다퉈 메타버스 시장에 뛰어드는 이유가 여기에 있다.

우리가 에지Edge 컴퓨팅에서 인터넷과 어떻게 소통하고 스크린 원격지에서 연결된 세계와 어떻게 상호작용하는지 생각해 보자. 메타버스에서는 VR과 AR의 도움으로 가상현실에 몰입하고 실제 사람과 인간 경험이 상호작용하는 한편, 실제 세계와 연결되는 3D 디지털 공간인 그 세계로 뛰어들 수 있다. 디지털 참여는 텍스트에서 이미지, 비디오로 진화해 왔고 이것은 그다음 단계다. 이 단계에서 우리는 선별한 세계를 찾아 우리에게 가져오는 대신 직접 탐험하고 다른 환경이나 다른 사람과 교류하며 일한다.

20년 전 세컨드 라이프가 달성하려 했던 것처럼 우리는 메타버스에서 아바타 형태로 디지털 정체성을 구축하는데 이것이 우리의 디지털 자아다. 우리는 자신의 이미지를 투영하거나 원하는 패션을 선택하고, 좋아하는 장소에서 좋아하는 사람들과 어울리며, 음악 콘서트부터 교육까지 다양한 경험을 할 수 있다. 어쩌면 우리는 현실세계에서 하지 못했거나 하지 않은 일도 시도할지 모른다.

유명 브랜드가 앞 다퉈 메타버스 시장에 뛰어드는 이유

초기 애플리케이션을 주도한 핵심은 게임 회사였지만 이러한 환경을 조성하는 핵심은 기술 회사다. 젠지GenZ 세대(1995년 이후 출생해 IT 기술을 자유롭게 사용하는 세대)는 이 환경의 초기 적응자로 삶의 방식, 우선순위, 열망, 영향, 전망에서 주요층을 형성한다. 이들이 록 콘서트에 가고, 스포츠 경기를 보고, 쇼핑을 하고, 주문형에 따라 이 공간 중 어디에든 즉시 뛰어들 수 있는 이유는 무엇일까?

다음 '메타버스 빌더metaverse builder'의 예가 그 답을 제시한다.

• 메타 – 2014년 VR 회사 오큘러스를 인수한 페이스북은 '메타버

스에 생명을 불어넣다'라는 의미로 브랜드를 메타로 변경했다. 이들은 커넥트 2021Connect 2021에서 메타버스의 본거지인 호라이즌 홈Horizon Home과 협업 작업 공간인 퀘스트Quest를 공개했다.

- 마이크로소프트 – 마이크로소프트의 메타버스 플랫폼 메시Mesh에서는 다른 위치에 있는 사람들이 영상회의 도구 팀스Teams를 활용해 공동 작업 홀로그램 경험에 참여할 수 있다. 사용자는 자신의 맞춤형 아바타로 참여하며 몰입형 공간을 구축해 만나고 협업한다.
- 포트나이트Fortnite – 포트나이트에서 게이머는 게임을 하며 음악, 스포츠, 카페, 리조트처럼 인접한 환경이나 이벤트와도 상호작용한다. 최근에는 플레이어가 친구들과 어울리고 교류하도록 설계한 3D 공간 '파티 월드Party Worlds'를 출시했다.
- 로블록스Roblex – 많은 패션 콜라보네이션이 있는 또 다른 메타버스 게임 플랫폼이다. 반스Vans는 로블록스에 사용자가 운동화를 맞춤화하고 가상 콘서트에 참석할 수 있는 대화형 매장을 만들었다.
- 디센트럴랜드Decentraland – 게임을 넘어 메타버스 환경의 예, 즉 가상세계에 존재하는 것이 바람직함을 보여주는 뉴욕 타운하우스와 유사한 '부동산' 플롯이 최근 210만 유로에 팔렸다.
- 디머티어리얼라이즈드Dematerialized – 고객이 현재 산사르Sansar, VR 챗VR Chat, 디센트럴랜드를 포함한 일부 게임에 이식할 수 있는 NFT로 디지털 패션 자산 구매가 가능한 디지털 시장이다.

포트나이트나 피파FIFA 같은 디지털 세계에 빠진 젠지 세대를 목표로 하는 브랜드는 소비자보다 실제 매장, 쇼핑몰, 심지어 인터넷 플랫폼에 다가가길 기대한다. 같은 맥락에서 브랜드는 잠재고객에게 다가가는 이 새로운 방식에 참여해야 한다.

메타버스 브랜드 성공 사례

나이키는 로블록스에 디지털 쇼룸을 열어 메타버스를 엿볼 기회를 제공한다. 로블록스에서 나이키가 새로 출시한 나이키랜드Nikeland라는 디지털 경험을 살짝 살펴보면 당신은 자신의 아바타를 위해 NFT가 지원하는 한정판 가상 에어 조던을 구입한다. 그 아바타는 빔형 홀로그램으로 로블록스와 포트나이트의 다양한 혼합 현실세계를 물리적 환경으로 전송할 수 있다.

나이키랜드는 실제 본사를 본떠 공간을 디자인한 신발과 의류 소매업체로 로블록스 플레이어는 이곳에서 태그, 피구, '바닥은 용암' 등 다양한 미니 게임을 즐길 수 있다. 또한 플레이어는 모바일 장치의 가속도계를 사용해 달리기, 점프 같은 추가 게임 상호작용을 수행하고 디지털 쇼룸에서 아바타용 나이키 브랜드 항목을 선택할 수 있다. 나이키랜드는 로블록스의 무료 환경이며 나이키의 뉴욕 하우스 오브 이노베이션House of Innovation 플래그십 스토어에서는 스냅챗 렌즈로 나이키랜드를 증강현실 버전으로 경험할 수 있다.

나이키가 브랜드 콘텐츠를 게임에 도입한 것은 이번이 처음이 아니며 2019년에도 포트나이트와 파트너십을 맺었다. 또한 나이키가 로블록스와 브랜드 가상세계를 탐구한 최초의 소비재 회사도 아니다. 가령 로블록스에서 반스월드Vans World로 알려진 반스의 스케이트 파크에서는 소비자가 자신만의 스케이트보드를 만들고 맞춤형 반스 실루엣을 구매할 수 있다. 로블록스의 CEO 데이비드 바주키David Baszucki에 따르면 이 경험에 소비자가 4천만 회 이상 방문했다고 한다. 구찌 역시 방문자가 창작물을 탐색하고 아바타를 위한 한정판 아이템을 구매할 수 있는 2주간의 로블록스 경험인 구찌 가든Gucci Garden을 오픈했다.

물론 업계와 소비자 사이에는 메타버스 경험과 가상 경험을 구성하는 것이 무엇인지 약간 혼란이 남아 있다. 특히 브랜드는 피지털 소매phygital retail(물리적 매장 경험을 디지털화하는 것) 부상으로 혜택을 얻을 수 있는 것을 결정하기 위해 다양한 환경을 실험하고 있다.

프록터 앤 갬블P&G 같은 일부 기업은 가상게임 세계를 탐색할 뿐 아니라 새로운 참여 전략을 위해 물리적 환경과 디지털 소매 상거래를 결합하고 있다. P&G의 SK-II 스킨케어 브랜드는 질레트 비너스Gillette Venus 브랜드를 대신해 애니멀 크로싱Animal Crossing 아바타를 위한 아바타 디자인을 만드는 것 외에 중국에서 매장 내 피부를 개인화하는 기술을 특징으로 한 게임화한 AR 기반 팝업 소매점을 열었다. 이것은 영화 스튜디오에서 개발한 6부작 애니메이션 시리즈를 동반한다.

토이저러스Toys'R'Us, 코카콜라, 캠벨 수프 컴퍼니Campbell Soup Company,

콘아그라ConAgra를 비롯한 많은 소매업체와 브랜드가 다가오는 메타버스에 발을 담그기 위해 NFT를 시도하고 있다. 그러나 2021년 8월 포레스터 리서치Forrester Research가 미국 온라인 성인 소비자를 대상으로 한 설문조사에 따르면 메타버스 탐색에 시간을 보내고 싶다는 비율은 23%였고 브랜드가 메타버스에서 광고하는 것에 긍정적인 비율은 22%였다. 더구나 약 30%는 메타버스가 무엇인지 이해하지 못한다고 응답했다.

포레스터 리서치의 부사장이자 연구이사인 마이크 프룩스Mike Proulx는 CGT에 중요한 것은 현재 메타버스가 존재하지 않는다는 점이라고 말했다.

“상호운용성과 지속적인 ‘존재’ 같은 요소가 있을 때까지 현재 존재하는 모든 것은 미래 메타버스의 초기 구성 요소다. 그중 많은 부분이 가상세계 같은 다양한 형태로 수년 동안 시장에 출시되었다.”

이 점을 염두에 두고 나이키가 최근 자사 브랜드의 가상 상품을 상표 출원했다는 점에 주목할 필요가 있다. 프룩스가 말하는 세부사항은 미래에 메타버스 맥락에서 시작해야 할 것과 관련해 흥미를 더해준다. 그는 이렇게 설명했다.

“당신의 아바타를 위해 NFT가 지원하는 한정판 가상 에어 조던을 구입하는 모습을 상상해 보라. 이 아바타는 빔형 홀로그램으로 로블록스와 포트나이트의 다양한 혼합 현실세계를 물리적 환경으로 전송할 수 있다. 이는 나이키와 브랜드 모두에게 강력한 ‘광고’가 된다. 마치 현실세계에서 거대한 로고가 새겨진 티셔츠를 입는 것과 같다.”

다음은 '메타버스 브랜드' 사례다.

- 구찌 - 럭셔리 패션 브랜드로 구찌 플래그십 스토어, 피렌체의 구찌 박물관 등을 가상으로 재현한 구찌 가든을 만들었다. 사용자는 현재와 과거를 탐색하고, 게임을 하고, 가상 아이템을 구매해 실제와 교환한다.
- 나이키 - 로블록스와의 파트너십으로 나이키랜드라는 무료 가상 놀이터를 만들었다. 조던 브랜드는 포트나이트와 함께 점프맨 존Jumpman Zone을 만들었고 나이키는 가상 운동화 브랜드인 RTFKT를 인수했다.
- H&M - 비건 패션인 코-이그지스트 스토리Co-Exist Story 컬렉션의 11개 작품을 애니멀 크로싱에서 선보일 가상 형태로 재창조했다. 게이머는 에이블 시스터즈 매장에서 가상으로 의상을 다운로드할 수 있다.
- 랄프 로렌 - 로블록스의 가상 폴로 숍Polo Shops에서 한정판 디지털 의류를 둘러보고 입어보라. 이곳에서는 사교 활동을 하거나 아이스스케이팅 즐기기, 핫초콜릿 마시기, 마시멜로 굽기 등 매주 보너스 아이템을 포함한 보물찾기 게임도 제공한다.
- 다이슨 - 이 기술 브랜드는 고객이 오큘러스 헤드셋을 사용해 집에서 편안하게 헤어드라이어나 에어랩 스타일러 같은 제품을 테스트할 수 있도록 고급 가상현실 기술인 데모 VRDemo VR을 만들었다.

- NFL - 미식축구는 가상게임 세계를 크게 받아들여 아바타 플레이 버전의 실제 프랜차이즈를 만들었다. 여기서 사용자는 관중이나 플레이어로서 게임에 몰입하고 전 세계적으로 경쟁할 수 있다.
- BTS - 한국의 이 슈퍼 밴드는 아리아나 그란데Ariana Grande, 트래비스 스콧Travis Scott을 비롯해 기타 많은 음악가와 함께 새 앨범을 출시하고 주로 온라인으로 콘서트를 제공한다. 덕분에 포트나이트는 세계의 새로운 록 스타디움이 되고 있다.

물론 '메타버스'는 현재의 기술과 브랜드 중에서 가장 과장된 단어일지도 모른다. 그렇지만 그것은 엄청난 잠재력을 보유하고 있다. 발렌시아가의 CEO 세드릭 샤비트Cédric Charbit는 "많은 브랜드가 메타버스를 활용하는 것은 적어도 재정적 수익 측면에서는 아직 실용적이지 않지만, 매일 엄청나게 진전하고 있으며 그 잠재력이 분명하고 훌륭하며 현실적이기 때문이다"라고 말했다.

03

교육 분야의 메타버스 혁신

교육 분야에도 메타버스 혁신이 일어나고 있다. 대표적으로 영국 맨체스터의 두 기술 혁신 기업 크레데르시Credersi와 픽셀맥스PixelMax가 만든 몰입형 혼합현실(가상현실+증강현실) 가상 캠퍼스 '크레데르시 월드Credersi World'가 글로벌 교육 메타버스 혁신을 주도하고 있다. 이곳은 차세대 데이터 과학자, 실험실 기술자, 사이버 방어자, 프로그래머를 교육하고 훈련하는 전용 과학&기술 캠퍼스로 기술 교육 메타버스를 혁신하는 글로벌 경쟁을 주도하는 중이다.

몰입형 혼합현실 가상 캠퍼스 '크레데르시 월드'

메타의 CEO 마크 저커버그는 글로벌 메타버스가 어떤 모습일지 자신의 비전을 설명했지만 과학&기술 교육자인 크레데르시와 3D 기술 혁신가인 픽셀맥스는 자신들이 교육 메타버스가 실제로 무언가를 개발하고 형성하는 최전선에 있다고 믿는다.

크레데르시 월드는 학생과 미래의 직업을 위해 직원 재교육을 원하는 고용주가 상점, 영화관, 아트 갤러리, 웰빙룸, 음식점, 커피숍을 완비한 가상 캠퍼스 세계를 학습의 장으로 활용할 수 있는 몰입형 플랫폼이다. 한마디로 크레데르시 월드의 기본 개념은 몰입감 있고 매력적인 방식으로 미래 인력을 교육하고 재교육하는 가상 과학&기술 캠퍼스를 만드는 데 있다. 특히 코로나-19 팬데믹 같은 상황이 벌어지면 미래 경력을 위한 가상세계 재교육 훈련과 학습 기회가 많이 필요해진다.

실제로 크레데르시의 공동설립자 대런 쿠머Darren Coomer와 앤디 로드Andy Lord는 전염병이 대학생과 추가 교육 과정에 있는 학생에게 어떤 영향을 미쳤는지 살펴보았다. 그 결과 많은 학생이 줌Zoom이나 팀스 같은 플랫폼에서 원격 학습을 따라잡고 학습에 참여하는 데 어려움을 겪고 있었다. 반면 창업자들은 기술 교육 기업 크레데르시에서 고용주와 기업에 전례 없이 기술이 부족하다는 것을 발견하는 한편 인공지능 같은 미래 기술의 급속한 발전을 목격했다.

결국 그들은 픽셀맥스의 공동창립자 셰이 오캐롤Shay O'Carroll, 롭 힐

튼Rob Hilton, 앤디 샌즈Andy Sands와 협력해 학습과 교육 메타버스를 혁신하고 형성할 방법을 알아보기로 결정했다. 크레데르시의 CEO 앤디 로드는 이렇게 설명한다.

"현실을 보면 기술이 현재의 비즈니스를 빠른 속도로 발전시키고 있는데 그 역할을 수행할 숙련된 인력은 충분치 않다. 바로 이것이 우리가 엄청난 기술 부족을 겪고 또 수요가 공급을 초과하는 이유다. 기업은 빠르게 발전하는 기술 속도를 따라잡기 위해 노력하면서 인력의 상당 부분이 목적에 적합하지 않다는 것을 깨달았다. 이는 기업이 인력과 조직 내에서 인재를 식별하고 교육과 훈련 기회를 창출함으로써 미래의 경력을 위해 재교육해야 함을 의미한다."

기업은 가상공간에서 직원들이 미래에 대비하도록 재교육

크레데르시 월드 과학&기술 캠퍼스는 가상공간에서 몰입형 경험을 제공하는데 이곳에서는 실제 대학 캠퍼스에서와 마찬가지로 자신의 코스와 관련해 다양한 학습 공간을 탐구할 수 있다. 이를테면 온갖 가로수가 기술 단지를 따라 늘어서 있고 모든 수준의 대표자들과 소통하며 소회의실, 도서관, 상점, 영화관, 미술관, 해양수족관, 가상은행은 물론 웰빙 카운슬러도 있다.

직업 대로에는 기술, 제약&생명과학 회사를 가상공간 캠퍼스에 유치하기 위한 전시업체 토템Totem이 있다. 대표자들은 각 회사의 채용기회를 자세히 알아보기 위해 방문할 수 있으며, 캠퍼스에서는 회사가 대표자를 모집하고자 자체 채용 박람회를 연다.

강의 대로에는 대표자들이 마스터 클래스를 제공하는 방문 학자나 기술 기업가의 이야기를 들을 수 있는 방이 있다. 바이오 과학자는 가상현실과 증강현실 실험실에서 실시간 실험을 수행하며 코더와 사이버 보안 학생은 실제 인프라에서 실시간으로 윤리적 해킹과 방어 연습을 시뮬레이션할 수 있다.

로드는 모든 CEO와 비즈니스 리더가 자신에게 던져야 하는 간단한 질문은 "수요가 공급을 초과할 때 무엇을 할까?"라고 말한다. 과연 존재하지 않는 사람을 찾아야 할까? 인력이 돌아오길 기다리기만 해서는 안 된다. 실제로 코로나-19 팬데믹은 세계 경제를 향한 분명한 외침이었다. 기업과 산업계는 팬데믹 같은 사건 이후의 미래에 어떻게 적응해야 하는지 재고해야 한다. 로드는 다음과 같이 말한다.

"기술과 AI가 급속도로 발전하는 지금 우리는 직원들이 미래에 대비하도록 어떻게 재교육해야 하는지 살펴봐야 한다. 또한 기업은 직원과 그들의 재능을 위해 지속적인 개인 개발 문화를 조성해야 한다. 그들은 미래에 대비해 인력들이 매력적인 몰입형 방식으로 올바른 기술을 갖추도록 만들 방법을 교육 메타버스에서 발견할 것이다."

항상 켜진 3D 환경에 적응할 수 있는 솔루션

'실리콘 시티'로 불리는 맨체스터는 현재 영국과 유럽 전역에서 가장 빠르게 성장하는 기술 허브로, 기술 회사의 경이적인 성장 덕분에 영국 버전의 실리콘 밸리로 알려져 있다. 로드는 크레데르시가 미래의 디지털 개척자, 암호 해독자, 백신 개발자, 생물 과학자, 생물학자, 사이버 방어자, 소프트웨어 엔지니어, 데이터 과학자를 개발 육성하고 교육하는 데 앞장선다고 믿는다.

2018년 설립된 픽셀맥스의 목표는 획기적인 이니셔티브를 제공하고 수많은 상을 수상한 가상 3D 세계를 만드는 데 있다. 이 회사의 공동창립자들은 고유의 전문성으로 다양한 비즈니스 문제와 과제를 해결하는 혁신적인 솔루션을 제공하기 위해 세계 최대 기업과 협력했다. 오캐롤은 자신들이 만드는 3D 세계와 고객에게 제공하는 솔루션이 방대하다며 이렇게 설명했다.

"코로나-19 팬데믹은 비즈니스 운영 방식을 바꿔놓았고 가상세계가 엄청난 가치를 추가해 준다는 것이 분명해졌다. 픽셀맥스 기술로 우리의 기업고객은 진정 독특한 것을 제공할 수 있다. 우리의 사명은 항상 사람들이 효과적으로 실시간 의사소통을 하고 협업하는 장소를 만드는 것이다."

그동안 세계 최초로 가상 이벤트를 제공해 온 픽셀맥스의 3D 세계 기술은 기업이 하이브리드 작업 모델을 보완하고자 가상 사무실로 사용하기 시작한 '항상 켜진' 3D 환경을 만드는 단계로 발전했다.

픽셀맥스 기술은 가상세계와 물리적 현실세계의 조화로 사용자에게 더욱더 실감나는 현실을 제공한다. 이들이 과학&기술 캠퍼스를 만들고자 크레데르시와 파트너십을 맺은 것은 목표 달성을 위한 탁월한 예다.

로드의 설명을 들어보자.

"우리는 단순한 기술 교육 제공자가 아니며 크레데르시 월드는 대표자와 미래의 고용주를 위한 모든 것을 갖춘 과학&기술 캠퍼스다. 아스트라제네카AstraZeneca, PWC, 브리티시 에어로스페이스British Aerospace 같은 회사를 비롯해 정부기관·소매업체·온라인 상점이 우리와 함께하지 않을 이유는 없다."

04

기업들이 메타버스에 올라타다

암과 바이러스를 탐지하는 콘택트렌즈

인위드 코퍼레이션InWith Corporation이 개발한 콘택트렌즈를 착용하면 암과 바이러스를 탐지하는데, 이것은 현실세계에서 편안하게 착용하는 것은 물론 전자 소프트 콘택트렌즈 플랫폼에서 메타버스로 자유롭게 전환할 수 있다. 인위드 기술은 증강현실과 확장현실XR 메타버스 시각 응용 프로그램부터 근시나 노안으로 고통받는 사람에게 더 나은 시력을 제공하는 것까지, 이를 모바일 장치와 연결해 시력을 조정하고 안과 기능을 높이는 등의 전자 혁명을 일으키고 있다.

인위드의 증강렌즈는 전 세계 1억 5천만 명이 매일 사용하는 소프트 콘택트렌즈와 같다. 그것이 모바일과 연결되어 있다는 점만 제외하고 말이다. 그들은 눈의 정상적인 깜박임에서 에너지를 수집하고 혈당을 확인해 경고하는 알림을 보낸다. 이러한 기능은 암과 바이러스를 탐지하는 혈액 화학 검사, 약물 전달과 이동을 위한 전자 장치를 갖춘 인공 장기 부품 등 수백 가지의 새로운 장치에 기회의 문을 열어준다. 이것은 커다란 미래 물결로 건강을 모니터링하기 위해 모바일 장치를 인체에 통합하면 질병은 줄어들고 수명은 길어진다.

인위드가 추구하는 미래형 콘택트렌즈의 첫 번째 응용 프로그램은 모바일 장치를 이용한 '조정 가능한 비전'과 모바일 장치 제어를 결합한 '증강한 비전'이다. 물론 궁극적인 응용 프로그램은 완전한 몰입형 메타버스로 이는 사용자에게 실제 보기부터 메타버스로 앞뒤로 이동하는 초경량의 사실상 보이지 않는 방법까지 제공한다. 현재 이 시장은 수십억 달러로 예측하지만 업계 전문가들은 잠재가치가 1조 달러에 이르는 것으로 추정한다.

인위드는 일반 제조공정에서 재료가 팽창 혹은 수축하게 만들어 하이드로겔 재료에 고체 구성 요소와 회로를 통합하는 핵심 기술을 개척했다. 이 혁신으로 이미 많은 개발자가 매일 수백만 명이 사용하는 콘택트렌즈, 안내렌즈용 디스플레이, 안과 개선 응용 프로그램을 만들 수 있다.

메타버스를 향한 인텔의 비전

벌써 진행 중인 메타버스는 지금보다 1,000배 더 많은 컴퓨팅 성능이 필요하고 이를 현실화하려면 현재보다 훨씬 더 많은 기술이 필요한데 그 최전선에 서려고 노력하는 회사가 바로 인텔이다. 실제로 인텔은 메타버스에 전력을 공급하도록 설계한 칩과 새로운 그래픽 프로세서 시리즈를 개발하는 데 집중하고 있다. 이 회사 메타버스 작업의 주요 구성 요소를 보면 특수 알고리즘, Xe 아키텍처, 개방형 소프트웨어 개발 도구, 라이브러리를 포함한다.

인텔의 가속 컴퓨팅 시스템과 그래픽 그룹 부사장인 라자 쿠드리Raja Koduri는 온라인 매체 〈쿼츠Quartz〉와의 인터뷰에서 이렇게 말했다.

"1밀리초 미만, 실시간 사용의 경우 10밀리초 미만 내에 페타플롭Petaflop(1초당 1,000조 번의 연산처리) 컴퓨팅에 액세스해야 한다. PC, 전화기, 에지 네트워크, 컴퓨팅이 있는 셀 스테이션, 클라우드 컴퓨팅은 마치 오케스트라처럼 함께 작동해야 한다."

그는 사실적인 가상환경에 두 사람을 모으는 데도 디테일하고 독특한 의상, 머리카락, 피부가 있는 사실적인 아바타가 필요하다고 지적했다. 이 아바타에게 실시간 음성과 동작 기능을 제공하려면 사용자의 실제 환경에서 3D 개체를 비롯해 오디오와 물리적 데이터를 포착할 센서가 필요하다. 더욱이 그 데이터는 동시에 수억 명의 사용자를 위해 짧은 대기시간을 거쳐 고대역폭으로 전송해야 한다.

인월드 에이아이, AI 기반 가상 캐릭터로 메타버스 혁신에 합류

AI 기반 가상 캐릭터를 만드는 플랫폼 개발이 목표인 인월드 에이아이Inworld AI는 메타버스 혁신에 합류해 몰입형 캐릭터를 성공적으로 생성하고자 노력하고 있다. 예를 들면 인간의 인지 능력을 모방해 자연어 이해와 처리, 광학문자 인식, 강화학습, 대화형 AI 같은 AI 기술 혼합을 활용함으로써 정교한 가상 캐릭터를 개발하는 데 도전하고 있다.

인월드 에이아이의 공동설립자이자 CEO인 일리야 겔펜바인Ilya Gelfenbeyn은 다음과 같이 말한다.

"인월드 에이아이는 메타버스, 가상현실, 증강현실을 포함한 가상 세계를 채우기 위해 가상 캐릭터의 두뇌를 구축하려는 플랫폼이다. 우리가 제공하는 것은 개발자가 다양한 유형의 환경에 두뇌를 추가하고 그 캐릭터를 전 세계에 구축하도록 하는 도구 세트다."

다시 말해 인월드 에이아이는 아바타의 비주얼을 디자인하는 솔루션이 아니라 아바타와 가상 캐릭터를 생산하는 회사가 비주얼 디자인에 고급 커뮤케이션을 추가하도록 AI 개발 플랫폼을 만드는 것을 목표로 한다. 겔펜바인은 플랫폼의 최종 목표는 아바타의 비주얼 제공자와 조직이 "광범위하고 완전히 열린 대화와 자연스럽게 상호작용할 수 있는 캐릭터"를 개발하는 데 사용할 플랫폼을 제공하는 것이라고 말했다. 그러나 이 AI 캐릭터의 의사소통 능력에서 '말'은 빙

산의 일각에 불과하다. 겔펜바인은 이렇게 설명한다.

"인월드 캐릭터는 말뿐 아니라 얼굴 표정, 몸짓, 감정 표현, 신체 움직임 등 인간이 사용하는 많은 양식과 상호작용할 수 있어야 한다. 또한 우리는 인간 두뇌에서 영감을 받아 기술 스택Stack을 구성한다. 여기에는 지각, 인지, 행동이라는 3가지 구성 요소가 있는데 지각은 청각이나 시각 같은 감각을 사용해 환경은 물론 에이전트의 입력과 이해에 중점을 둔다."

인월드 에이아이는 가상 캐릭터가 청각과 시각으로 환경을 인식할 수 있도록 음성-텍스트, 규칙 엔진, 자연어 이해, OCR(광학 문자 판독 장치), 이벤트 트리거Trigger 등을 복잡하게 혼합해서 사용한다.

그다음 구성 요소는 인지인데 겔펜바인은 "인지는 기억, 감정, 성격, 목표, 배경 같은 캐릭터의 내부 상태에 관한 것"이라고 말했다. 인월드 에이아이는 자연어 처리, 감정 인식, 강화학습, 목표지향 대화형 AI를 사용해 가상 캐릭터의 인지 능력을 높인다.

마지막으로 행동은 제스처, 몸짓, 동작 같은 캐릭터의 출력 혹은 상호작용에 관한 것을 말한다. 가상 캐릭터는 최첨단 생성 언어 모델, 강화학습, 맞춤형 음성, 감정 합성 같은 기술로 인간의 행동이나 제스처를 복제할 수 있다.

이 3가지 구성 요소는 개발자가 자연어에 자세히 반응하고 디지털 환경을 인식하는 한편 사용자에게 중요한 상호작용을 제공하는 가상 캐릭터를 구축하도록 견고한 프레임워크를 제공한다.

엔비디아, AI 아바타 경쟁에 뛰어들다

엔비디아는 최근 몰입형 AI 기반 아바타를 생성하기 위한 플랫폼 '옴니버스 아바타Omniverse Avatar'를 공개했다. 이 플랫폼에서 사용자는 음성 AI, 컴퓨터 비전, 자연어 이해, 시뮬레이션을 활용해 엔비디아 옴니버스나 기타 디지털 세계 같은 실제 시뮬레이션과 협업 플랫폼 내에서 음성을 인식하고 인간 사용자와 통신하는 아바타를 만들 수 있다.

엔비디아는 솔루션으로 생성한 아바타나 AI 비서가 다양한 주제를 보고 말할 수 있으며 고객 서비스 상호작용을 수행한다고 말했다. 여기에는 식당에서 음식을 주문하고 은행거래를 완료하기 위한 개인적인 약속과 예약도 포함된다.

옴니버스 아바타는 마케터에게 가상세계에서 고객과 상호작용하는 데 사용하는 솔루션과 엔비디아 옴니버스 같은 시뮬레이션 플랫폼을 제공한다. 사용자는 이곳에서 아바타를 배포해 소비자와 개인화한 고객 서비스 상호작용을 촉진하고 고객만족도를 높일 수 있다.

엔비디아의 설립자이자 CEO인 젠슨 황Jensen Huang은 다음과 같이 말했다.

"지능형 가상비서의 여명이 도래했다. 옴니버스 아바타는 엔비디아의 기본 그래픽, 시뮬레이션, AI 기술을 결합해 지금까지 만들어진 것 중에서도 가장 복잡한 실시간 애플리케이션을 만든다. 협동 로봇과 가상비서의 사용 사례는 놀랍고도 광범위하다."

한편 옴니버스 아바타 공개는 엔비디아가 AI 아바타 군비 경쟁에 뛰어들었다는 것을 의미한다. 이들은 딥브레인Deepbrain, 소울 머신스Soul Machines, AI 파운데이션AI Foundation을 비롯해 매력적인 가상 캐릭터를 만들기 위해 노력하는 다른 기존 디지털 비서나 아바타 제공업체와도 경쟁하고 있다.

그렇지만 옴니버스 아바타는 7만 명 이상의 개인 제작자로 가득 찬 엔비디아 옴니버스와의 통합으로 다른 많은 경쟁자보다 우위에 있다. 이제 BMW 그룹부터 에피그래프Epigraph, 에릭슨Ericsson, 소니 픽처스 애니메이션Sony Pictures Animation에 이르기까지 700개 기업이 몰입형 AI 아바타에 액세스해 옴니버스에서 디지털 경험을 주도하고 있다.

05

콜린스 사전이 올해의 단어로 선정한 'NFT'

2021년 가장 핫한 단어는 'NFT'였고 콜린스 사전은 이것을 2021년 단어로 선정했다. 그만큼 NFT는 2021년 놀랍도록 성장했으며 예술 섹션부터 금융 페이지, 갤러리, 경매장, 소셜미디어 플랫폼에 이르기까지 모든 곳에 존재했다. NFT가 지속적인 영향을 미칠지는 아직 모르겠지만 전 세계 대화에서 NFT 존재가 차지하는 비중은 상당히 크다.

본질적으로 NFT는 디지털 아트워크나 수집품이 누구에게 속하는지 기록하는 디지털 데이터 덩어리다. NFT를 둘러싼 소문에도 불구하고 현 단계에서 NFT의 미래를 예측하기는 어렵다. 콜린스 사전이 선정한 상위 10위권에 들어간 단어 중에는 '기후 불안', '이중 욕설' 같은 것도 있다. 그중 1위를 차지한 것은 NFT로 대세에 진입한 이

용어	정의
NFT, non-fungible token	블록체인에 등록된 고유한 디지털 인증서로 예술 작품 이나 수집품과 같은 자산의 소유권을 기록하는 데 사용된다.
climate anxiety	기후 변화에 대한 우려로 인한 고통 상태
double-vaxxed	질병에 대한 예방 접종을 두 번 받은 경우
metaverse	3차원 가상 환경을 통합한 인터넷의 제안 버전
pingdemic	접촉자 추적 앱으로 국민에게 대규모 통보
cheugy	더 이상 멋지거나 유행에 뒤떨어지지 않는, 종종 2000년대의 누군가나 사물을 언급한다.
crypto	암호화폐의 줄임말: 온라인 구매에 사용되는 디지털 화폐
hybrid working	가정과 사무실 등 서로 다른 근무 환경을 번갈아 사용하는 관행
neopronoun	최근에 만들어진 대명사, 특히 다음과 같은 성별 구분을 피하기 위해 고안된 대명사
Regencycore	섭정기 (1811-20) 동안 상류사회에서 입었던 옷에서 영감을 받은 드레스 스타일

콜린스 사전이 선정한 2021년 올해의 10대 단어 사전

단어의 사용 비율은 2021년 11,000% 증가했다.

콜린스는 NFT를 "블록체인에 등록한 고유의 디지털 인증서로 예술작품, 수집품 같은 자산의 소유권을 기록하는 데 사용한다"라고 설명한다. 그리고 저자 데이비드 샤리아트마다리David Shariatmadari는 이것을 더 간단하게 "디지털 작업이 누구에게 속하는지 기록하는 디지털 데이터 덩어리"라고 표현한다.

콜린스 러닝Collins Learning의 매니징 디렉터 알렉스 비크로프트Alex Beecroft는 "약어 사용량이 급격히 증가한 것은 이례적인 일이지만 콜

린스 코퍼스Collins Corpus에서 얻은 데이터는 2021년 NFT의 놀라운 상승세를 반영한다"라고 말했다.

실제로 정의하기 어려운 NFT 관련 소문은 2021년 내내 거침이 없었고 그들이 큰돈을 벌어들이면서 헤드라인을 장식했다. 2021년 3월 초현실주의 디지털 아티스트 비플Beeple은 자신의 작품을 NFT로 판매해 역사를 만들었다. 그의 작품 〈나날들: 처음 5,000일Everydays: The first 5000days〉(2007년 그가 매일 하나의 이미지를 만들기로 약속한 이래 제작한 모든 이미지의 콜라주)은 온라인 크리스티 경매에서 약 6,900만 달러에 팔렸다. 바이러스성 유튜브 비디오 〈찰리 비트 미Charlie Bit Me〉와 밈 아트 〈냥캣Nyan Cat〉의 NFT는 50만 달러 이상에 판매되었다.

엔터테인먼트계의 거물들도 새로운 유행을 빠르게 받아들이고 있다. 가령 영화 제작자 쿠엔틴 타란티노, 발리우드 배우 아미타브 밧찬, 프로 레슬러 존 시나, 래퍼 에이셉 라키 등 여러 유명인이 NFT를 발매하기 위해 줄을 섰다. 영화 스튜디오 워너 브라더스는 〈매트릭스Matrix〉 프랜차이즈를 NFT로 재구축하기 시작했다. 2021년 오스카 스웨그백Oscar Swagbag(아카데미상 주요 부문 후보자에게 제공하는 협찬품)에는 영화 〈블랙 팬서Black Panther〉로 명성을 얻은 고 채드윅 보스만을 향한 NFT 찬사도 들어 있다.

그뿐 아니라 최고 부자들 사이에 유행하는 전통 예술과 달리 NFT는 상당히 민주적이다. 미국 인터넷 투자 매체 〈모틀리 풀Motley Fool〉의 니콜라스 로소릴로Nicholas Rossolillo는 "NFT는 대중을 위한 예술품 구매와 판매의 문을 열었다"라고 했다. 이 신흥 산업은 굶주린 예술가들에게 새로운 삶을 제공한다. 2019년 NFT 아트를 만들기 시작한 에든버러 출신의 51세 화가 트레버 존스는 〈가디언〉에 이렇게 말했다.

"5년 전 나는 모기지론을 갚기 위해 고군분투했다. 그때는 친구들에게 돈을 빌려서 갚아야 했지만 지금은 하루에 400만 달러를 벌고 있다."

NFT는 콜린스가 선정한 2021년 10개 단어에 포함된 3가지 기술 기반 단어 중 하나다. 나머지는 메타버스(페이스북이 확고하게 약속하고 이름을 바꾼 개념)와 암호화폐의 속어인 크립토crypto다.

06

블록체인이 NFT 투자를 이끈다

변경이 불가능하고 분산되어 있으며 투명성을 인정받는 블록체인은 기존 교환 메커니즘을 위협하면서 전통 투자 세계를 뒤흔들고 있다. 이러한 블록체인은 오라클Oracle의 도움을 받아 자산의 가격을 책정하고, 거래하고, 결제하고, 저장하고, 보호한다. 예를 들어 우리가 예술과 창의성을 디지털화하면 블록체인은 이 자산의 안전과 불변성, 독특함, 가치, 희귀성을 보장하기 때문에 배타적이고 독점적인 전통 시장을 민주화한다. 나아가 블록체인은 핀테크라는 불에 연료를 부어 핀테크 산업에 간접적으로 수십억 달러의 파급 효과를 창출했다.

시장조사업체 가트너Gartner는 매년 신기술 순위를 매기고 이들을 기술 성숙도를 나타내는 하이프 사이클Hype Cycle 곡선을 따라 배치한다. 이 곡선은 혁신 트리거로 시작해 얼리 어댑터의 성공과 실패가 초래한 '부풀려진 기대의 정점Peak of Inflated Expectations'으로 자연스럽게 이어진다. 이는 반복을 성공적으로 진행했거나 전달에 실패할 때 기술 생산자의 성패를 가르는 '환멸의 골짜기Trough of Disillusionment'로 급격하게 하락한다. 그리고 현실이 혁신을 기능 측면에서 더 이해하고 수용하는 '계몽의 비탈길Slope of Enlightment'을 점점 올라가 마침내 '생산의 고원Plateau of Productivity'에 도착한다. 이것은 사회가 패러다임 전환 기술을 채택하고 널리 인정하는 스위트 스폿sweet spot이다.

NFT는 이미 기대의 정점에 올랐고 우리는 그다음에 무엇이 올지 알고 있다. 그러나 스테이블 코인stable coin(달러나 유로 같은 자산과 연동해 가치 변동성을 낮춘 암호화폐)의 회복력, 메타로 리브랜딩한 페이스북, 규제기관의 관심을 받는 디파이DeFi(암호화폐와 블록체인 기반의 탈중앙화한 금융 시스템) 등으로 미뤄 우리는 블록체인이 계몽의 비탈길로 향하고 있다고 안전하게 가정할 수 있다.

투명한 금융거래 이끄는 블록체인

블록체인의 가장 명백한 금융 애플리케이션은 대출, 보험, 송금, 감사 전반에 나타나지만 기존 투자 공간 내에서 종종 간과하는 강력한 애플리케이션이 있다. 그럼 블록체인이 시끄러운 자본 시장에서 조용한 물결을 일으키기 시작한 3가지 영역을 살펴보자.

지난세기 동안 세계에서 가장 오래되고 가장 수익성 높은 기관 중 일부는 청산(뉴욕증권거래소NYSE, 나스닥NASDAQ), 보관(뉴욕멜론은행BNY Mellon, JP모건 체이스JPorgan Chase), 중개(피델리티Fidelity, 뱅가드Vanguard) 사업에 존재했다. 전통적으로 증권 거래를 위해서는 이 3가지 서비스가 모두 필요하다. 이 말은 전력, 제어, 가격 혹은 비용이 완전히 중앙집중화한다는 것을 의미한다.

반면 블록체인은 변경이 불가능하고 분산되어 있으며 투명하다. 이론상 블록체인 회사는 자산이 블록체인에서 정확하고 안전하며 수정이 불가능한 방식으로 거래된다는 점을 인식해 기존 기관 참여자를 중개하지 않는다. 예를 들어 블록체인에 전통 시장가격 데이터를 저장하는 것은 거래 순간 상품가격을 어떻게 책정해야 하는지 정확히 알 수 있는 방법이다.

거래에서 가장 큰 비중을 차지하는 거래가 기존 거래소에서 블록체인으로 이동하려면 시간이 걸리는 탓에 일부 기존 거래소가 블록체인을 출시할 수도 있지만 이는 불가피한 일이다. 아무튼 블록체인은 상대적으로 청산, 보관, 중개 기능을 상실하게 만들고 전통 시장 데이터 비즈니스에도 영향을 미칠 것이다. 많은 사람이 테슬라 주식을 사기 위해 블록체인으로 향하는 현 상황에서 거래량은 가격과 참조 데이터만큼이나 강력하고 중요한 소스다. 이 경우 시장 데이터 출처는 기존 거래소가 아닌 블록체인이 되며 이는 최소한 320억 달러의 가치 이전이다.

NFT 공간을 둘러싼 기회를 볼 수 있는 렌즈는 수십 개에 이른다. 당신이 '게임'을 하든 그렇지 않든 우리가 매트릭스나 원할 경우 메타버스 방향으로 가고 있다는 사실을 무시하기는 어렵다. 대체할 수 없는 디지털 자산은 특히 게임 산업에 적용할 때 진정한 가치를 지닌다. 오디오 NFT 역시 전통 음반사, 매니저 등에 의존하는 음악가에게 진정한 독립성을 제공할 잠재력이 있다.

그러나 NFT에 찬성하는 가장 설득력 있는 주장 중 하나는 아주 간단하다. 우리에게는 창조적인 새로운 교환 매체가 있다! 예를 들어 미술품 경매를 살펴보자. 평범한 사람이 반 고흐 작품이 8천만 달러 이상에 팔리는 산업에 참여하는 것은 매우 어렵다. 그렇지만 예술과 창작자는 어디에나 있고 멋지고 시각적으로 즐거우며 트렌디한 것을 위해 존재하는 시장도 있다.

우리가 예술과 창의성을 디지털화하면 블록체인은 그 자산의 안전과 가치, 불변, 희귀성을 보장한다. 또한 블록체인은 창의적이고 예술적인 교류를 위한 민주화한 메인 스트리트 매체로 접근성을 높여준다. 이것은 미술품, 희귀한 야구카드, 기타 물리적 자산, 수집품을 거래하는 것과 크게 다르지 않다. 다만 블록체인 덕분에 액세스할 수 있다는 점이 다를 뿐이다. 저렴하고 디지털 세계 전반에 적용이 가능하며 탈중앙화한 블록체인은 전통 독점 시장을 100억 달러 규모로 민주화하고 있다.

블록체인으로 빠르게 성장 중인 핀테크 산업

최근 몇 가지 요인이 급격한 소매 거래 증가에 기여했는데 그중 가장 분명한 것은 코로나-19 전염병, 월스트리트베츠WallStreetBets(주식 토론 커뮤니티로 2021년 1월 게임스톱 공매도 사건의 본거지)/게임스톱GameStop(개인투자자들이 공매도 기관과 전쟁을 벌여 유명해진 비디오 게임 소매업체) 추세, 로빈후드Robinhood(미국 개인투자자들) 같은 초기 핀테크 혁신이다.

이는 새로운 거래자를 블록체인의 영향을 받은 샌드박스Sandbox의 팔 안으로 곧장 밀어 넣었다. 이것은 새롭고 더 접근하기 쉬우며 흥미로운 시장인 반면 메인 스트리트는 투자와 관련해 늘 자원 확보에 어려움을 겪는다.

가령 블룸버그의 온라인 증권거래 소프트웨어인 '블룸버그 터미널Bloomberg Terminal' 같은 독점 도구는 게임에서 평균 거래자를 가격한다. 이 문제는 시장에 새로 진입하는 소매 거래자가 엄청나게 늘어나면서 더욱 복잡해졌다.

데이터를 얻기 위해 어디로 이동해야 할까? 자원? 도구? 교육? 블록체인 덕분에 이 새로운 유형의 거래자들이 더 많은 것을 요구하면서 핀테크 혁신가가 솔루션을 구축할 커다란 기회가 생겼다.

핀테크 스타트업은 이 새로운 시장을 위해 거래 플랫폼, 암호화폐 지갑, 투자 교육 웹사이트, 접근 가능한 데이터와 연구 도구 같은 옵션을 빠르게 출시했다. 이처럼 블록체인 발전은 새로운 시장을 창출해 이미 빠르게 성장 중인 핀테크 산업에 간접적으로 수십억 달러의 파급 효과를 냈다.

07

블록체인 프로젝트는 사회적 이익을 가져다준다

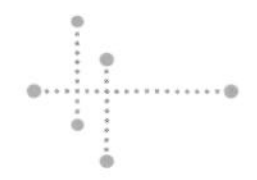

오늘날 투자자들은 지속가능성과 사회적 영향이 의사결정에 매우 중요하다는 것을 입증했다. 2020년 ESG(환경, 사회, 기업 지배구조) 펀드는 처음 1조 달러를 넘어섰는데 이는 부분적으로 코로나-19 전염병 전반에 걸쳐 사회적, 정치적 인식이 높아지면서 가속화했다.

임팩트 투자와 블록체인 사이에는 자연스러운 교차점이 있다. 이 분야에 개인적 이해관계가 있는 사람이면 누구에게나 물어보라. 투자자, 경영진, 개발자 모두 잠재적 이익과 사회적 이익으로 이어질 수 있는 비전과 목표를 가지고 있다.

아직 초기 단계지만 블록체인 전문가들은 블록체인 기술을 사용하면 정부 부패부터 부의 불평등까지 모든 종류의 문제를 해결할 수 있다고 주장한다. 흥미롭게도 각 영역은 암호화폐와 NFT를 기반으로 소외된 사람들의 '부富 액세스'를 잠금 해제해 올바르게 실행할 경우 부의 불평등을 잠재적으로 해결할 수도 있다.

게임화와 이타주의 조장

비영리 NFT 플랫폼 리라인Leyline의 설립자이자 CEO인 제러미 델라 로사Jeremy Dela Rosa는 개발 도상국의 게이머가 비디오 게임으로 암호화폐를 벌고 부를 키울 기회를 만들 계획이다. 또한 그는 NFT 상금, 보상, 가상 소셜 화폐로 이타주의를 수익성 있게 만들 계획도 세웠다. 델라 로사는 "놀이는 인간에게 기본적인 것이다. 하지만 우리의 경제 시스템이 설계한 방식은 잘못된 것을 장려하고 있다"라고 말한다.

리라인을 설립하기 전에 블리자드 엔터테인먼트Blizzard Entertainment에서 10년을 근무한 델라 로사는 비디오 게임 이외의 '실제' 세계에서 이타적 행동을 유도하는 방법은 게임화하는 것이라고 믿는다. 그의 팀은 사용자가 가상배낭에 저장할 수 있는 PoGProof-of-Good 포인트를 보상하는 오픈 소스 분산형 자율 조직을 코딩할 계획이다. 게이머는 이 PoG 포인트로 가상세계에서 특별한 보상과 능력을 잠금 해제할 수 있다. 이를 두고 델라 로사는 "인간에게 가치 있는 일에 인센티브를 맞추는 것"이라고 말한다.

지적재산 보호

NFT는 지적재산 소유권을 혁신할 잠재력 덕분에 예술가들 사이에 인기가 있다. NBC의 공개 오디션 프로그램 〈아메리카 갓 탤런트America's Got Talent〉 참가자였던 스냅 부기Snap Boogie는 이렇게 말했다.

"게임 회사는 춤으로 수백만 달러를 벌어들인다."

그는 블록체인 플랫폼 엔진과 손잡고 춤 동작 '스피디 워크오버스Speedy Walkovers'를 토큰화한 뷰티 인더 스트리츠Beauty in the Streets의 CEO이자 설립자이기도 하다.

춤 동작을 NFT로 바꾸는 것은 추상적으로 보일 수 있지만 게임 회사는 이미 거리 공연과 TV에 등장한 춤 동작을 캡처하고 모션 스튜디오에서 디지털 센서로 속성 없이 재창조한 다음 구매 화면으로 변형하고 있다. 이것은 포트나이트 같은 게임에서 게임 내 구매로 판매한다.

댄스 동작을 NFT로 전환하면 게임 회사와 모션 캡처 스튜디오가 아티스트에게 토큰을 구매하지 않은 채 토큰화한 동작을 사용하는 것을 방지할 수 있다. 블록체인의 오픈소스 투명성은 잠재적으로 모든 거래가 창작자와 춤 동작을 연결하는 디지털 원장에서 이뤄진다는 것을 의미한다. 이러한 지적재산권 보호는 춤뿐 아니라 거의 모든 창작 산업에 적용할 수 있다.

섹스테크와 메타버스의 교차점에 있는 사상가 SX 누아르SX Noir는 NFT가 성인 연기자가 자신의 노동과 콘텐츠 소유권을 완전하게 확보할 기회를 제공한다고 믿는다. 이는 관련자들이 오랫동안 기다려 온 기회다. 그녀는 2020년 주요 신용카드 발급사인 비자, 마스터카드, 디스커버 사이트가 조사를 받을 때 인기 있는 성인 비디오 웹사이트에서 금융 거래를 차단하기로 한 움직임을 인용하며 "성 노동자들은 종종 희생양이 된다"라고 설명한다.

"배고픈 출연자들이 많았는데 그것은 파괴적인 영향을 미쳤다."

소위 튜브 사이트는 허가 없이 성인 비디오 콘텐츠를 수집해 출연자의 지적재산을 무료로 수백만 명에게 노출하는 것으로 알려져 있다. 지적재산권과 NFT 관련 지침은 아직 초기 단계에 있지만 디지털화한 희귀 암호화 토큰은 아티스트와 창작자 모두가 흥분할 만한 몇 가지 솔루션을 제시한다.

데이터 보안 강화

인스타그램을 사용하는 사람은 모두 사용자 데이터의 힘을 알고 있다. 우리는 선호도를 알기 위해 알고리즘으로 설계한 맞춤형 광고를 보는 데 익숙해졌지만 블록체인 애호가들은 이것을 '웹2Web2'라고 말한다.

사실 우리가 알고 사랑하는 인터넷은 투명하지 않은 소수 기업이 소유하고 있다. 구글, 메타 등 '웹3Web3' 데이터에는 여전히 광고가 있지만 사용자 데이터를 분산해 주로 블록체인에서 실행한다. 블록체인의 지울 수 없는 특성은 일반 인터넷 사용자가 대기업이 사용자 기록에 액세스(일회성)한 것에 요금을 부과할 기회를 제공한다.

스니커두들Snickerdoodle의 공동설립자이자 CEO인 조너선 파딜라Jonathan Padilla는 이렇게 말했다.

"스니커두들에서 우리는 데이터의 자기 주권이 가장 중요하며 이것이 사회계약을 재정의할 것이라고 생각한다. 사람들은 웹3를 인터넷과 기존 금융 시스템을 다시 시작할 기회로 여긴다."

스니커두들의 비전을 장기적으로 적용하는 것은 기업인 앤드루 양Andrew Yang의 '자유배당금' 또는 '보편적 기본 소득UBI' 개념과 유사하다. 파딜라에 따르면 자금을 반드시 세금으로 조달해야 하는 것은 아니다. 그는 "데이터 모델이 정확하다면 민간 부문 기반의 UBI도 가능하다고 본다"라고 설명한다.

"블록체인 기반 도구를 사용해 개인, 특히 그 가치가 훨씬 더 커질 수 있는 신흥 시장에서 수동적 소득원을 얻도록 권한을 부여할 수 있다. 동시에 그 소득을 경제발전과 이동성에 적용하는 것이 가능하다. 그런 의미에서 이것은 믿을 수 없을 만큼 강력한 것이다."

물론 블록체인 프로젝트를 구매하는 것이 모든 개인투자자에게 의미가 있는 것은 아니다. 그렇지만 적절한 위험 선호도와 충분한 포트폴리오를 보유한 사람은 다각화 방법의 일환으로 관심이 있는 프로젝트의 유틸리티 토큰 구매에 끌릴 수 있다. 유틸리티 토큰은 어떤 프로젝트가 여기에 머물지 추측하는 것을 포함하므로 어느 정도 도박에 가깝다. 이는 사실상 고객이 관심이 있는 블록체인 신생기업을 자금으로 뒷받침하는 신뢰 투표다. 당연히 그들은 자금 투자에 따른 소득을 누릴 수도 있다.

유틸리티 토큰은 더 큰 제품을 구축한 동일한 블록체인에서 발행하며 종종 자금이나 서비스를 얻는 방법으로 쓰일 수 있다. 온램프 인베스트Onramp Invest의 재정고문이자 CEO인 타이론 로스Tyrone Ross가 팟캐스트 '온 퍼포스On Purpose'에서 말했듯 오래된 재정 전략은 이미 사라졌다. 투자자나 고문은 기술적 분석, 뉴스 읽기, 회사의 공개 재무제표 조회 같은 전통 연구 방법에 의존해 미래 투자를 조사하기 전에 블록체인 회사를 연구하기 위해 전혀 새로운 환경을 알아야 한다.

08

기업들이 NFT에 뛰어든다

NFT는 유인원에서 요트, 실물 크기의 3D 비디오 조각에 이르기까지 모든 형태를 취하고 있다. 2021년 말 현재 NFT 거래량은 220억 달러에 달하는데 여기에 신발과 운동복도 뛰어들었다. 그중 일부는 디지털이 아닌 형태로도 제공하기 때문에 가상세계에서 신발이나 운동복에 수천 달러를 쓰고, 이를 활용해 실제 생활에서 입고 신는 운동복과 신발도 얻을 수 있다. 컴퓨터 화면에서 보는 대신 돈을 지불하고 손에 들고 다니는 경제로 돌아가리라고 누가 생각이나 했겠는가?

2021년 12월 나이키는 가상 운동화 브랜드 RTFKT를 인수했는데 이 회사는 '아티팩트artifact'라는 이름으로 불린다. 나이키가 이 회사에 얼마를 지불했는지는 공개하지 않았지만 RTFKT는 2020년 1월 설립했고 사업이 2년 미만이라는 점을 감안할 때 좋은 성과를 거둔 듯하다. 나이키의 설명에 따르면 NFT 스튜디오인 RTFKT는 "최신 게임 엔진, NFT, 블록체인 인증, 증강현실을 사용하고 여기에 제조 전문 지식을 결합해 독특한 운동화와 디지털 인공물을 만드는" 회사다.

지금까지 이 회사는 푸오셔스FEWOCiOUS라는 10대 디지털 아티스트와의 협업으로 잘 알려져 있었다. 이 아티스트는 7분 만에 310만 달러를 벌어들인 '디지털 운동화' NFT 라인 디자인을 도왔는데, NFT 기반 가상 신발을 구매한 사람에게는 한 달 후 자신에게 맞는 실제 신발로 교환할 수 있는 옵션이 주어졌다.

디지털 스니커즈를 얘기하면 우리가 마치 기괴한 세계에 사는 것처럼 느낄 수 있지만 투자자들은 나이키가 RTFKT를 인수하기 전부터 이런 변화를 다르게 인식했다. 2021년 5월 벤처캐피털 회사 안드레센 호로위츠Andreessen Horowitz는 시드 펀딩 라운드를 주도해 스타트업임에도 불구하고 800만 달러를 모금했다. 파트너 조너선 라이Jonathan Lai는 자신의 트위터에 이런 글을 썼다.

"우리는 가상세계에서 더 많은 시간을 보내며 디지털 스니커즈·핸드백과 함께 물리적 스니커즈·핸드백을 신경 쓰게 될 것이다. … 게임이 소셜 공간화하면 디지털 의류는 우리의 정체성이 된다."

나이키는 RTFKT 구매를 디지털 발자국과 기능을 확장하는 데 도움을 줄 수단으로 보고 매우 적극적이다. 나이키 사장 겸 CEO인 존 도나호John Donahoe는 "RTFKT 인수는 나이키의 디지털 혁신을 가속화하고 스포츠, 창의성, 게임, 문화의 교차점에서 운동선수와 크리에이터에게 서비스를 제공하는 또 다른 단계"라고 말했다.

아디다스도 한정판 NFT 컬렉션 '인투 메타버스Into Metaverse'를 출시한 지 몇 시간 만에 NFT를 29,620개나 판매했다. 각 NFT는 0.2이더리움ETH, 그러니까 약 765달러(코인 가치는 하락)에 판매했는데 이는 아디다스가 디지털 토큰으로 2,200만 달러 이상을 벌었음을 의미한다. 당시 NFT를 구입한 사람은 '추가 비용 없이' 2022년에 (진짜) 운동복, 그래픽 후디 또는 오렌지 비니를 얻을 수 있다.

투자자, 칩 제조업체, 아티스트, 패션 브랜드 그리고 겉보기에 다른 모든 사람이 메타버스를 준비하는 듯한 상황에서 디지털 의복이 우리 정체성의 핵심에 자리 잡을 날이 멀지 않은 것 같다. 나이키, 아디다스, 그 밖에 다른 업체는 분명 '가상 발'이 맨발로 있지 않도록 그곳에 있을 것이다. 그것은 디지털 신발을 위해 수백에서 수천 달러를 기꺼이 지출하려는 사람들의 가상 발이다.

09

NFT가 부동산 투자를 혁신한다

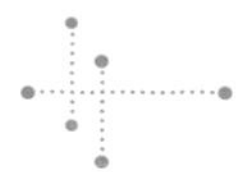

메타 리얼리티 렘스Meta Reality Realms는 2022년 최초로 실제 자산 NFT 컬렉션을 소개하는 제품을 공식 출시했다. 이 독창적인 시도는 물리적 토지 소유자가 자산의 물리적 소유권과 가상 보증 증서를 모두 얻게 한 최초의 도전이다. 누구나 실제 자산을 블록체인에서 판매할 NFT로 전환할 수 있다. 각 증서는 투자자가 디지털 아트뿐 아니라 블록체인 기반 NFT ID를 소유할 수 있게 해 현실세계와 가상세계에 존재할 미래의 증강현실 영역 사이트에서 무한한 가능성을 열어줄 것으로 보인다.

가상토지는 암호화폐와 함께 미래의 가장 중요한 자산

메타 리얼리티 렘스의 창립자이자 CEO인 아론 벨트란Aaron Beltran은 이렇게 말한다.

"토지는 암호화폐와 함께 미래에 가장 중요한 자산이 될 것이다. 우리의 NFT는 미래 증강현실이 가까워짐에 따라 누구나 투자할 때 고려하는 실제 자산으로 뒷받침한다."

증강현실 영역 사이트의 미래는 여전히 진행 중이다. 메타 리얼리티 렘스는 물리적 자산으로 뒷받침하는 NFT의 인식을 높임으로써 가상미래를 위해 투자자가 준비하도록 최선을 다하고 있다. 이 회사는 블록체인에서 실제 토지소유권을 사고팔 수 있는 최초의 회사로 실제 토지를 가상세계 자산으로 바꾸려면 www.metarealityrealms.com을 방문하면 된다.

NFT 거래량은 2021년 3/4분기에 106억 7천만 달러였고 실제로 벽에 걸거나 어떤 식으로든 집을 장식하지 않을 예술품에 막대한 금액을 기꺼이 지출하려는 사람은 계속 늘고 있다(구매자가 원하는 곳에 놓을 수 있도록 3D 상자에 담은 아티스트 비플의 최신 작품은 예외). 이와 마찬가지로 온라인에서 수백만 달러에 팔리는 기이한 항목이 바로 가상토지다.

이것은 메타버스에만 존재하기 때문에 절대로 발을 들이지 않을 것이라는 점만 빼고 실제 땅과 같다. 2021년 11월 암호 자산에 중점을 둔 캐나다 투자 회사 토큰스닷컴Tokens.com Corp의 자회사 메타버스 그룹Metaverse Group은 "역사상 가장 큰 메타버스 토지 취득"을 마감했다고 발표했다. 메타버스 그룹은 여러 가상세계에 걸쳐 부동산 포트폴리오가 있고 '일곱 자릿수가 넘는' 가치가 있는 것으로 알려진 회사다. 이 토지는 총 6,090평방피트를 각각 52.5평방피트로 구분한 116개로 이는 표준 풀 사이즈 농구코트(4,700제곱피트)보다 약간 크다. 요컨대 240만 달러에 구입한 것치고는 공간이 많지 않다. 그러면 이들은 무엇을 제공할까?

디센트럴랜드를 사용하는 사람들은 디센트럴랜드를 소유한다

가상토지는 물리적 토지만큼이나 많은 투자가 이뤄지고 있고 현재의 추세가 이어진다면 얼리 어댑터에게 막대한 이득을 안겨줄 전망이다. 메타버스 그룹은 부지를 의도적으로 선택했고 그것이 어떤 용도로 쓰일지 정확히 알고 있다.

디센트럴랜드 내 패션 스트리트Fashion Street 구역에 위치한 이 공간은 "폭발하는 디지털 패션 산업 내에서 패션쇼와 상거래를 촉진하는데" 쓰일 것이다. 디센트럴랜드는 이더리움 블록체인을 기반으로 구축한 탈중앙화(디센트럴) 가상세계로 이 플랫폼의 커뮤니케이션 책임자인 데이브 카Dave Carr는 〈유로뉴스 넥스트Euronews Next〉와의 인터뷰에서 이렇게 말했다.

"디센트럴랜드를 사용하는 사람들은 디센트럴랜드를 소유한다. 우리는 사람들이 제안하고 다른 사람들의 제안에 투표할 수 있는 분산형 자율 조직을 구축하고 있다. 바로 이것이 디센트럴랜드의 미래 방향을 효과적으로 결정한다."

현재 메타의 목표는 미래의 메타버스를 지배하는 것이지만 어쩐지 사람들은 디센트럴랜드 같은 플랫폼에 끌릴 것 같다. 그 이유를 좀 더 정확히 말하자면 중앙집중식 기관이 소유하거나 제어하지 않기 때문이다. 메타는 사용자의 신뢰를 얻는 데 큰 역할을 하지 않았고 회사가 소비자 감정을 전환하는 데는 오랜 시간이 걸릴 수 있다.

다른 한편으로 디센트럴랜드가 강조하는 자율성과 강력한 의사결정권자 부재는 가상세계 애호가들이 원하는 일이다. 플랫폼 사용자는 아바타를 만들고, 부동산을 구매하고, 게임을 하고, 웨어러블을 구매하고, 이벤트에 참석할 수 있다. 마나MANA는 디센트럴랜드의 고유 암호화폐 역할을 하는 이더리움 기반 토큰으로 그 가치가 크게 상승해 2021년 11월 시가총액이 92억 달러에 달했다. 메타버스 그룹은 토지를 매입할 때 당시 약 243만 달러에 해당하는 61만 8천 마나로 지급했다.

이것은 가상 부동산 개발업체 리퍼블릭 렘Republic Realm이 또 다른 분산 가상세계인 더 샌드박스The Sandbox의 부동산에 430만 달러를 지불하기 전까지 가상토지에 가장 많은 돈을 쓴 기록이다. 리퍼블릭 렘은 토지를 '개발'하는 것 외에 무엇을 할 계획인지 아직 말하지 않았다.

한편 메타버스 그룹은 자체 토지 투자가 결실을 맺을 것으로 기대하며 기존 패션 브랜드와 파트너십을 맺고 가상자산에서 패션 프로젝트와 이벤트를 기획하고 있다. 디센트럴랜드의 콘텐츠 책임자 샘 해밀턴Sam Hamilton은 "패션은 메타버스에서 다음으로 큰 성장 영역이다"라고 말했다.

기업들이 디지털 아바타가 가상 패션쇼에 참석하고 브랜드 NFT를 구매할 수 있는 가상토지에 수백만 달러를 투자하는 것이 여전히 엉뚱한 일로 여겨지는가? 어쩌면 우리는 우리 삶을 채우는 많은 것들이 디지털 대응물을 갖기 시작하는 미래에 서 있는지도 모른다. 인생 최고의 것이 실존하지 않고 디지털로만 존재하는 영화 〈레디 플레이어 원Ready Player One〉 같은 세상으로 천천히, 그러나 확실하게 움직이고 있을 수도 있다.

어쨌든 메타버스는 탈중앙화와 관계없이 계속 진행될 테고 만약 최근 사건이 정확한 지표라면 그 진행은 매우 빠를 것이다. 데이브 카는 다음과 같이 말했다.

"초기 투자자들은 토지를 구매한 가상세계에 기득권이 있으므로 자산에 콘텐츠를 추가하길 원할 가능성이 크다. 이는 사람들을 가상세계로 데려오고 … 풍부한 경험을 제공한다."

미래는 확실히 이상해 보인다. 흥미롭게도 많은 부동산 투자자가 가상 부동산에 거액의 현금을 투자하고 있다. 특히 가상토지 가격이 얼마를 지출할 의향이 있는지에 달려 있다는 점은 주목할 만하다. 사람들은 왜 NFT 부동산에 투자하는 걸까?

우선 판매자와 구매자 사이의 자산 이전 고유성과 용이성이 많은 투자에 부가가치를 제공한다. 투자자는 NFT 부동산의 일부를 소규모 또는 대규모 투자자 그룹에게 판매할 수 있다. NFT는 탈중앙화 시장에서 판매하므로 부동산 구매자에게 토큰을 발행해야 한다. 이때 투자자가 티켓을 보유하겠다는 선택을 하면 부동산 판매 시 가치 상승에 따른 임대소득이나 이익 분할을 받을 수 있다. 결국 NFT는 많은 투자자가 부동산 시장에서 부분 소유권을 고려해 볼 길을 열어준다.

여기에다 NFT는 가상 부동산을 현실로 만드는 것 외에 주택 대출 프로세스를 개선해 모기지 산업을 변경할 수 있다. 현재의 모기지 획득 방식은 비용이 많이 들고 노동집약적이지만 재산권을 토큰화하면 주택 관리와 거래 과정이 더 쉬워져 주택 대출에 따른 스트레스가 덜할 수 있다. 이 새로운 블록체인 기반 기술 트렌드는 가상 부동산의 부상을 촉진해 부동산 투자 현장에 영향을 미칠 것으로 보인다.

10

메타는 암호화폐에 관심이 있다

메타의 최고기술책임자CTO 앤드루 보스워스Andrew Bosworth는 2021년 12월 직원들에게 보낸 메모에서 블록체인 기반 스마트 계약과 분산형 자율 조직에 투자하는 동시에 NFT와 함께 작업하는 방법을 찾아야 한다고 말했다.

메타가 암호화폐에 관심을 보인 것은 이번이 처음이 아니다. 메타는 이전에 페이스북과 왓츠앱 사용자가 쓸 수 있는 글로벌 디지털 통화를 만들려고 했다. 2019년 6월 페이스북은 대대적으로 브랜드 변경을 시도하기 전에 가상화폐 리브라Libra를 출시해 페이스북이 중앙은행과 월스트리트의 역할을 모두 수행하게 했다. 리브라의 목표는 금융 민주화였지만 전 세계 규제기관의 반발을 받고 비자나 마스터카드를 비롯한 주요 후원자를 잃자 이들은 2021년 초 리브라의 축소 버전인 디엠Diem을 도입했다. 이제 암호화폐 지갑을 만들기 위한 이 회사의 노력은 노비Novi라고 불린다.

메타의 이사이자 벤처캐피털 회사 안드레센 호로위츠의 공동설립자인 마르크 안드레센Marc Andreesen(세계 최대 암호화폐 투자자)은 웹3 회사와 기술에 투자하기 위한 전용 펀드를 만들었다. 웹3의 배경은 소셜 네트워크에서 전자상거래에 이르기까지 모든 것을 대기업이 아닌 사용자가 관리하고 고정 가치를 유지하도록 설계한 암호화폐가 법정화폐를 대체한다는 것이다. 이 차세대 인터넷의 핵심은 모든 데이터와 콘텐츠를 블록체인에 등록하는 분산형 블록체인 기술이다. 이는 웹2, 즉 방대한 데이터를 소유한 일부 독점 기업이 권력을 쥐고 명령하는 오늘날의 인터넷과는 다르다.

현재 웹3는 현실보다 과장된 것처럼 보이지만 인터넷에서는 블록체인 기술을 분산화할지 아니면 빅테크Big Tech가 제어하는 방식을 허용할지를 놓고 이미 전쟁이 벌어지고 있다. 2021년 12월 트위터의 전 CEO 잭 도시는 트위터에서 "당신은 웹3를 소유하고 있지 않다. 그러나 벤처캐피털VC과 그들의 투자자LP는 그렇게 하고 있다"라고 말했다.

11

분산형 벤처캐피털

〈월스트리트 저널〉에 따르면 2021년 11월 1만 7천 명의 투자자 그룹이 미국 헌법의 마지막 남은 개인 소유 초판본을 구매하기 위해 닷새 만에 거의 5천만 달러를 컨스티튜션DAO ConstitutionDAO(탈중앙화한 분산형 자율 조직)에 기부했다. 277년 된 유서 깊은 경매장 소더비가 암호화폐 이더리움의 여러 자산을 표시한 것은 이번이 처음이다. 또한 이것은 현재까지 가장 큰 암호화 기반 크라우드 펀딩 프로젝트였다. 부다페스트부터 방글라데시까지 투자자들은 지구상에서 가장 오래 이어진 민주주의를 탄생시킨 문서를 구매하기 위해 평균 200달러의 이더리움을 기부했다.

전체 프로젝트는 탈중앙화 분산 앱(디앱 DApp)을 기반으로 무신뢰와 무허가 프레임워크에 따라 인터넷에서 관리했다. 불행히도 컨스티튜션DAO는 경매에서 억만장자 금융가 켄 그리핀Ken Griffin에게 패했다. 그러나 DAO에 기여하고 경매의 짜릿한 광경을 목격한 모든 참가자가 느낀 감정은 이러했다.

'우리가 이것을 할 수 있다면 우리의 자원을 다시 결합할 경우 무엇을 더 얻을 수 있을까?'

이것이 블록체인과 탈중앙화 시스템의 강력한 힘이다. 이것은 참여하는 모든 사람에게 엄청난 기회를 제공한다.

블록체인 기술로 ABC 방송의 창업 지원 프로그램 〈샤크 탱크Shark Tank〉, 크라우드 펀딩, 분산형 앱을 결합하면 벤처DAO라고도 하는 '분산형 벤처캐피털DVC' 시장 이면의 개념과 관련해 꽤 좋은 아이디어를 얻을 수 있다. DVC는 유망 스타트업에 개인적으로 투자하는 벤처캐피털 펀드와 같은 목적으로 기능한다. 다만 DVC는 이들 벤처를 지원하기 위한 풀을 만들고자 암호화폐 기반 자금에 비교적 적은 금액을 기여하는 일반투자자 집합체라는 차이가 있을 뿐이다. 민주적인 성격과 블록체인 기반의 투명성을 감안할 때 DVC는 10년 내에 기존 벤처캐피털 시스템을 대부분 실질적으로 대체할 가능성이 크다.

DVC는 신생기업에 큰 도움을 줄 것이다

수년 동안 많은 신생기업과 기업가가 회사를 확장하고 다음 단계로 끌어올리는 데 필요한 자본 자원을 민간자본(예, 공개 주식시장과 반대)에 의존했다. 트위터, 페이스북, 에어비앤비, 아마존 등 많은 기업이 이 경로를 택해 초기 벤처캐피털 투자 기회를 부유한 개인과 연기금·기부금·기타 기관에 제공했다. 이들 회사에 열정적으로 투자한 이들은 놀라운 수익을 거뒀고 내부자 클럽이 되었다.

미국에서 전통 벤처캐피털 펀드에는 법에 따라 공인받은 투자자와 기관만 참여할 수 있다. 그 인증은 미국 증권거래위원회SEC 규정을 적용받으며 이는 자산, 소득, 금융 시장 경험 척도를 기반으로 한다. SEC 인증 규칙은 경험이 부족하고 돈이 많지 않은 투자자가 잘못된 결정을 하지 않도록 보호하기 위한 것이지만 이 때문에 일반투자자는 수익성 있는 개인투자 기회에 참여할 수 없다. 그러나 이제 블록체인 기술과 분산형 금융 플랫폼이 여기에 변화를 일으켜 경쟁의 장을 평평하게 만들고 있다.

그 대표적인 사례가 컨스티튜션DAO에 기부한 투자자 그룹이다. 이들은 암호화 펀드를 모아 미국 헌법 초판본에 공동 입찰했고 비록 그들의 이더리움 암호화폐 풀이 다른 개인투자자를 능가하지 못했으나 그 경험은 DVC 펀드의 원리를 검증했다. 블록체인 기반 환경이라면 수천 명의 소규모 투자자가 금융 프로젝트를 지원하거나 크라우드 펀딩을 할 수 있다.

앞으로 DVC는 신생기업에 큰 도움을 줄 것이다. 무엇보다 같은 기업인수목적회사SPACs가 공개 유가증권에 틀림없이 신생기업 목록 경로를 쉽게 제공하고, 분산형 버전관리 시스템DVCS의 민간 벤처캐피털 유치 가능성이 덜 엄격한 경로를 제공할 확률이 높다. 또한 전통 벤처캐피털 회사는 본사 위치를 정할 때 세계 금융 수도의 금융 메카 센터에 초점을 맞추는 경향이 있지만 DVC는 지리적 편견을 제거한다. 회사가 태평양 한가운데의 섬에 있든 다른 어디에 있든 사업 계획과 모델이 강력한 신생기업은 보다 공평한 경쟁의 장에서 벤처캐피털을 위해 경쟁이 가능하다. 즉, 위치가 아닌 장점을 기반으로 암호화폐 자금을 조달할 수 있다.

그뿐 아니라 미래의 기업가는 DVC 온라인 회원들의 집합적이고 다양한 전문지식 혜택을 받을 전망이다. 그들은 사업 모델 개선을 위한 제안을 하고 회사의 직원 채용과 판매 기회를 소개하며 회사의 대사가 되어 봉사할 기회를 누린다. 이 모든 것은 온체인on-chain에서 투명하고 공개적으로 이뤄진다.

대중 열풍, 잘못된 정보나 투자자 확산 열기에 따른 부작용 우려

투자자들 역시 DVC의 혜택을 본다. 가장 중요한 것은 DVC가 민간 투자 기회를 민주화할 것이라는 점이다. 물론 개인이 DVC에 참여할 때 특정 유형의 인증을 요구하기 위해 SEC가 궁극적으로 개입할지는 아직 미지수다.

전통 벤처캐피털 회사는 투자하는 회사의 지분을 장기간 유지하는 경향이 있는데, DVC를 사용하면 투자가 일정 기간 동안 고정되고 유동성은 없지만 개인투자자가 자산의 일부를 '토큰화'할 수 있다. 그러면 NFT와 마찬가지로 이 개인 지분을 판매해 회원이 현금을 인출하고 보다 일찍 자본 이득을 실현할 수 있으므로 거의 비공식 증권 거래가 가능하다. 당연히 SEC가 이것을 어떻게 생각할지는 지켜봐야 한다.

사실 벤처캐피털 회사는 사업기회를 심사할 때 매우 철저하다. 반면 민주화한 DVC는 소액 투자자가 사기나 착취에 노출될 위험이 커질 수밖에 없다. DVC의 대중 의견 조사는 어느 정도 안전하지만 우리가 그동안 여러 '밈 주식'에서 보았듯 대중 열풍, 잘못된 정보나 투자자 확산 열기에 따른 정당한 우려도 있다.

어쨌든 사이버 통화나 블록체인에 직간접적으로 관여하는 산업은 DVC의 이점을 보고 이런 자본 자산을 추구할 가능성이 높다. 예를 들어 메타버스의 스타트업은 새로운 방식을 요구하며 DVC는 메타버스에 생명을 불어넣는 새로운 도구 중 하나다. 그러나 투자자가 블록체인과 관련된 모든 것의 열정을 조작한 줄도 모르고 의심스러운 투자에 매달릴 위험도 있다.

한편 우리는 개인적인 대의나 우선순위, 열정을 중심으로 형성된 DVC 기금을 접할 수도 있다. 이를테면 유망한 대체 에너지 신생기업, 소수민족이 소유한 기업, 여성이 소유한 기업, 지역 기반 개발 등을 지원하기 위한 DVC가 여기에 속한다. 게임이나 대체 운송 같은 특정 산업을 전문으로 하는 DVC가 등장할지도 모른다.

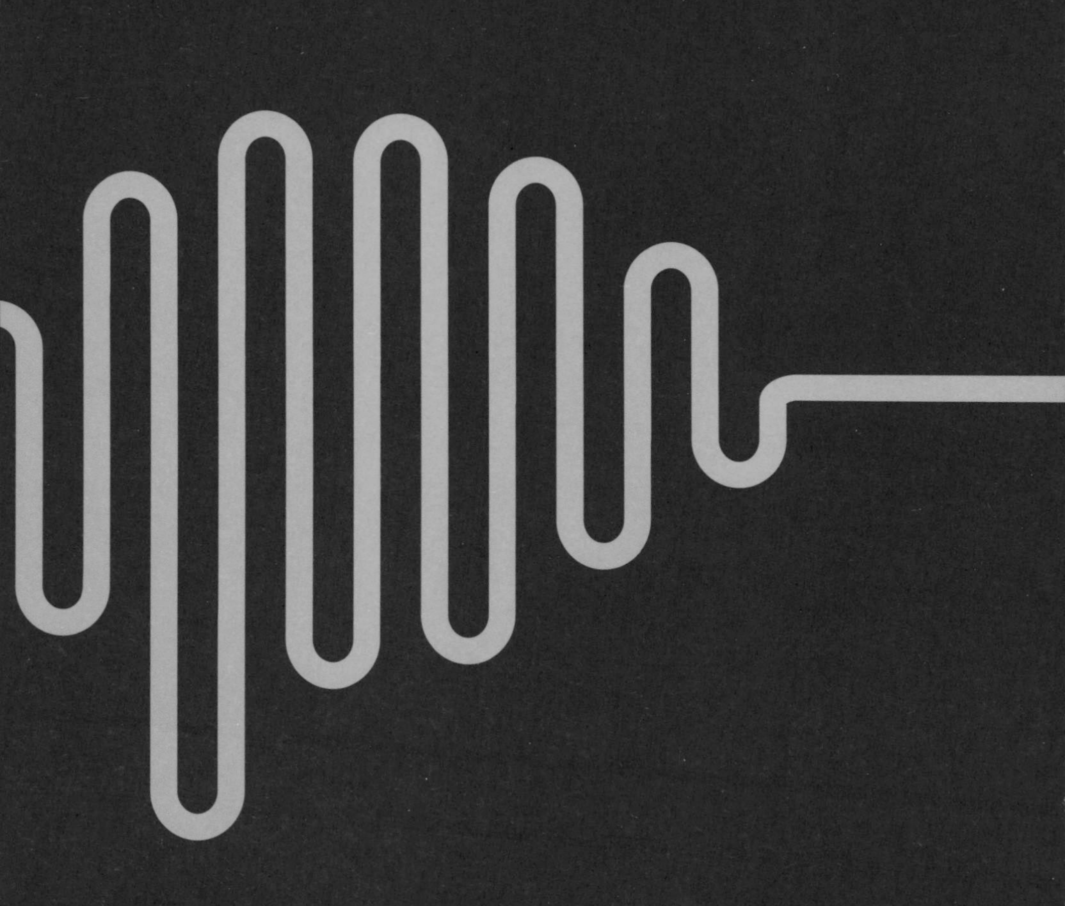

PART 4

산업의 주류로 부상하는 AI 테크

01

주류로 부상하는 증강인간

인간은 지난 수 세기 동안 스스로를 개선해 왔지만 자연 시력 증대는 많은 사람에게 넘을 수 없는 벽처럼 보였다. 안경은 나쁜 시력을, 보청기는 청각장애를 강화한다. 이제 미래학자들은 우리가 더 잘 살고 오래 사는 데 기술이 어떤 도움을 주는지 탐구하고 있다. 인간의 능력 향상을 위한 기술을 연구하는 일은 잠재적으로 사회에 큰 영향을 미친다.

향후 몇 년 동안 인간의 능력은 기존 기술, 신흥 기술, 나노 기술 혼합으로 크게 향상될 수 있다. 그중에서도 외골격, 섭취, 이식, 주사, 뇌-컴퓨터 인터페이스 같은 기술이 점차 중심 무대를 차지할 전망이다. 증강인간은 디지털 세계와 물리적 세계 사이의 상호작용을 만들어 '기술적으로 활성화한 인간'이 잠재력을 최대한 발휘하고 초자연적 수준에서 행동하도록 한다.

우리는 이미 미국 자동차 공장에서 외골격이 역도 작업자를 지원하고 증강현실 지원 스마트 안경이 원격으로 자산을 유지·관리하는 것을 보고 있다. 예를 들어 손에 들고 있는 스마트폰은 추상적 형태의 증강으로 간주할 수 있다. 그러나 진정한 향상은 무릎 연골이 닳을 걱정 없이 더 빨리 달리는 것처럼 몸을 과감하게 개선할 때 온다.

기술증강은 인체의 물리적 특성을 개선하는 것을 의미한다. 지금까지 주된 강조점은 장애인을 돕고 병자를 치유하는 것이었는데 실제로 기술은 생체공학과 보철증강으로 장애인에게 도움을 주고 있다. 여기에 더해 정상적인 인간을 개선한다는 아이디어도 빠르게 발전하고 있다.

이 시장은 2022년까지 700억 달러 이상을 벌어들이고 2025년과 그 이후까지 꾸준히 성장할 것으로 보인다. 이는 기존 기술 제공업체와 신흥 기술 제공업체가 모두 참여할 수 있는 엄청난 기회다. 특히 상당한 견인력을 보이는 영역은 가상현실과 증강현실로 정신건강 전문가는 이미 환자에게 몰입형 경험을 제공하고 있다. 이 기술을 기반으로 전문가는 인간의 인지기능을 더 깊이 배우고 의료 제공자는 보다 나은 치료와 결과를 얻을 수 있다.

인간의 외골격

외골격은 인간의 차세대 능력 증강을 도와 무거운 물건을 들어야 하는 근로자에게 수동적, 기계적 지원을 제공한다. 자동차, 운송 같은 산업은 이미 직원의 생산성과 안전도를 높이기 위해 직원에게 외골격을 제공함으로써 직원의 몸을 보강하고 있다. 예를 들어 포드 자동차는 바이오닉스Bionics 회사와 파트너십을 맺고 10여 개 이상의 자동차 공장에서 직원을 지원하기 위해 상체 외골격을 몇 개 출시했다.

웨어러블

웨어러블 AR/VR 기술은 한때 공상과학 영화와 비디오 게임의 주제에 불과했지만 지난 몇 년 동안 아주 빠른 속도로 우리 곁에 다가왔다. AR/VR은 쇼핑과 엔터테인먼트뿐 아니라 우리가 주변 세계와 소통하고, 사교하고, 상호작용하는 방식을 완전히 혁신할 전망이다.

소비자들은 적외선 센서 기술로 심박수, 혈중 산소, 혈당 수치를 모니터링하는 스마트 워치를 이미 사용하고 있다. 데이터를 처리하고 홀로그램 정보를 시각화하는 스마트 안경도 수요가 급증하고 있다.

뇌-컴퓨터 인터페이스

뇌-컴퓨터 인터페이스BCI란 뇌와 외부 장치 간의 통신 경로를 말한다. 이것은 신경 명령으로 인간의 두뇌 활동을 외부 행동으로 변환해 인간이 몸의 물리적 제약 없이 마음만으로 기계를 제어할 수 있게 한다. 미래에는 신체가 절단된 사람도 정교한 의수를 직접 제어하고, 운동장애가 있는 사람은 외골격과 BCI를 통합해 운동 기능을 회복할 수 있다.

감성 컴퓨팅

BMW는 감성 컴퓨팅 기술을 사용해 자동차 내 감성 경험을 조사한 뒤 운전자가 잠들었는지 어떻게 알아내는가를 이해했다. 이는 자동차 회사가 운전자의 상호작용과 관련해 통찰력을 얻고 운전자의 졸음, 주의산만, 분노 수준을 인식해 도로 안전을 보장하는 한편 운전 경험을 개선하는 데 도움을 준다.

캡슐 카메라

섭취 가능 기술은 의료 서비스를 혁신한다. 가령 캡슐 카메라를 삼킬 경우 환자는 평소처럼 일상생활을 하면서 정기검진 서비스를 받을 수 있다. 이는 이미징 기술로 몇 시간 내에 진단이 가능하다. 영국에서는 1만 1천 명의 환자를 대상으로 전례 없는 캡슐 카메라 실험을 진행한 바 있다. 이 기술은 전통 내시경 검사를 대체해 침습적이던 병원 내 검사를 집에서 전송하는 의료 경험으로 바꾼다.

이식 가능한 장치

스웨덴 시민 수천 명은 마이크로칩 임플란트를 사용해 시설에 입장하거나 신분증을 확인하거나 결제를 한다. 스웨덴 국영 철도 회사는 이미 2,600명에게 기차표 대신 마이크로칩을 사용하도록 서명했다. 증강 파이프라인은 생체공학적 인간 관절, 내장형 스캐닝, 신체 활동 향상을 위한 화학적 균형 시스템, 영구적이고 사용자 정의가 가능한 콘택트렌즈, 증강한 두개골, 발이나 목구멍용 인공기관 같은 것을 약속한다. 가능성은 무한하다.

증강현실 안경

증강현실 안경은 아직 미래지만 곧 다가올 전망이다. 증강현실과 가상현실은 670억 달러 규모의 시장 개척을 기다리고 있는데 미국 이노베가Innovega는 스마트 콘택트렌즈와 디스플레이 안경의 획기적인 조합으로 이 시장에 영향을 미칠 계획이다. 이 회사는 일반 안경이나 선글라스와 유사하게 스타일리시하고 가벼운 안경에 어울리는 AR/VR 콘택트렌즈를 최초로 생산해 시장을 장악하는 것을 목표로 하고 있다.

가장 잘 알려진 AR/VR 제품은 오큘러스와 구글 글래스지만 사용자 경험이 다소 불만족스러웠는데, 웨어러블 AR/VR 기술은 눈에 띄지 않고 휴대가 간편하며 어디서나 사용이 가능해 진정한 붐이 도래할 것이다.

02

생각으로 로봇을 움직이다

머신러닝 프로그램은 인간의 두뇌와 연결함으로써 로봇에게 명령을 내린다. 실제로 스위스 로잔 연방 공과대학교EPFL 연구원들은 인간의 두뇌와 연결해 로봇에게 명령할 수 있는 머신러닝 프로그램을 개발했다. 이 프로그램은 뇌의 전기신호를 기반으로 로봇의 움직임을 변경할 수 있는데 덕분에 말하거나 움직이지 못하는 사지마비 환자를 도울 길이 열렸다. 이 획기적인 프로그램은 환자들이 스스로 움직이도록 만들 시스템을 개발하기 위해 수행한 많은 작업을 기반으로 한다.

로잔 연방 공과대학교 '학습 알고리즘과 시스템 연구소' 소장 오드 빌라드Aude Billard 교수는 이렇게 말했다.

"척수를 손상당한 사람은 더러 영구적인 신경 결함과 심각한 운동 장애로 물건을 잡는 것처럼 단순한 작업조차 해내지 못한다. 이러한 작업을 대신 해내는 로봇의 도움은 이들이 잃어버린 손재주를 회복하는 데 도움을 준다."

생각으로 로봇과 의사소통하기

호세 델 R. 밀란José del R. Millán 교수와 빌라드 교수의 두 연구진은 음성 제어나 터치 기능이 필요 없는 컴퓨터 프로그램을 개발했다. 환자는 생각만으로 로봇을 움직일 수 있는데 연구진은 몇 년 전 개발한 로봇 팔을 기반으로 시스템 개발을 시작했다.

그것은 오른쪽에서 왼쪽으로 혹은 앞뒤로 움직일 뿐 아니라 앞에 있는 물체를 재배치하고 경로에 있는 물체 사이를 돌아다닐 수 있다. 빌라드 교수는 "우리는 로봇이 장애물을 피하도록 프로그래밍했지만 물 한 컵을 채우거나 물체를 밀고 당기는 것 같은 다른 종류의 작업을 선택할 수도 있다"라고 말했다.

연구진은 장애물을 피하는 로봇의 메커니즘을 개선해 보다 정확성을 기했다. 빌라드 교수 연구실의 박사과정 학생 가스파르 코헤이아Gaspar Correia는 "처음에는 로봇이 일부 장애물에 비해 너무 넓은 경로를 선택해 너무 멀리 가져가고 다른 경로에서는 충분치 않은 경로를 선택해 너무 가깝게 유지했다"고 말한다.

"로봇의 목표는 마비환자를 돕는 것이라 사용자가 말하거나 움직일 필요 없이 로봇과 의사소통할 방법을 찾아야 했다."

이들은 환자가 생각만으로 로봇의 움직임을 조절할 수 있도록 알고리즘을 개발해야 했다. 알고리즘은 환자의 뇌 활동에 따라 EEG(뇌파 검사) 스캔을 실행하기 위해 전극을 장착한 헤드캡에 부착했다. 이 시스템을 사용할 때 환자는 그저 로봇을 바라보기만 하면 된다.

로봇이 잘못 움직이면 환자의 뇌는 명확하게 식별 가능한 신호로 '오류 메시지'를 내보낸다. 이는 로봇이 잘못된 행동을 하고 있음을 알려준다. 처음에 로봇은 그 신호를 수신하는 이유를 이해하지 못하지만 오류 메시지는 알고리즘에 입력된다. 그 알고리즘은 역강화학습 접근 방식으로 환자가 원하는 것과 로봇이 취해야 하는 조치를 파악한다.

이러한 시행착오 과정은 로봇이 어떤 움직임이 올바른지 확인하기 위해 다양한 움직임을 시도한다는 것을 의미하며, 올바른 응답을 파악하는 데 일반적으로 3~5번의 시도가 필요하다. 밀란 교수는 "로봇의 AI 프로그램은 빠르게 학습하지만 실수할 때 이를 알려야 행동을 수정한다"라고 말했다.

"오류 신호 감지 기술을 개발하는 것은 우리가 직면한 커다란 기술 과제 중 하나였다."

이 연구의 주 저자 이아손 바트치아노울리스Jason Batzianoulis는 연구 과정에서 특히 어려웠던 것은 환자의 뇌 활동을 로봇의 제어 시스템에 연결하는 것이었다고 했다. 환자의 뇌 신호를 로봇이 수행하는 행동으로 변환하는 것이 어려웠다는 얘기다. 그는 이렇게 말했다.

"우리는 기계학습으로 주어진 뇌 신호를 특정 작업에 연결했다. 그런 다음 로봇이 환자가 염두에 두고 있는 작업을 수행하도록 개별 로봇 제어와 작업을 연결했다."

연구진은 알고리즘이 궁극적으로 휠체어를 제어할 수 있다고 믿는다. 빌라드 교수는 엔지니어링 측면에서 아직 극복해야 할 장애물이 많다며 "휠체어는 환자와 로봇이 모두 움직이기 때문에 완전히 새로운 도전 과제를 제시한다"라고 했다.

03

물류 산업에 변화를 일으키는 머신러닝

물류 회사는 최고의 결과를 보장하기 위해 인공지능과 머신러닝을 사용해 생산성을 최고 수준으로 유지하고 보다 나은 비즈니스 결정을 내리려 애쓴다. 이 산업에서 AI의 중요성은 엄청난데 이 첨단 기술 덕분에 제조와 글로벌 공급망 기업은 향후 20년 동안 연간 1조 3천억 달러에서 2조 달러의 경제 가치를 창출할 것으로 보인다.

머신러닝 기반 경로계획 소프트웨어

최적의 경로 선택, 운전자 휴식 시스템, 가장 붐비고 위험한 경로 피하기는 물류 산업에서 일상적인 작업인 동시에 수많은 문제 중 일부다. 골드만삭스에 따르면 단 25개 패키지만 가능한 배달 경로를 따져 봐도 약 15조 개에 달한다. 그 구세주가 바로 머신러닝이다.

머신러닝 기반 경로계획 소프트웨어는 비용, 적용 가능한 기한, 즉각적인 결정이 필요한 예기치 않은 도로 상황에서 최적의 솔루션을 선택하기 위해 모든 옵션을 분석한다. 이를테면 연비, 교통사고, 장애물, 차량 크기, 운전자의 작업 일정 등 시스템이 제공하는 빅데이터 세트를 기반으로 실시간 경로 최적화 알고리즘이 운전자에게 가장 적합한 경로를 결정하는 것이다. 이것은 클라우드 기반으로 모든 정보를 실시간 제공하기 때문에 운행 관리자, 운전자, 관리자, 계정 관리자 같은 직원이 액세스해 고객에게 예상 배송시간을 알릴 수 있다.

머신러닝을 기반으로 하는 경로 최적화 소프트웨어는 비즈니스에 다음과 같은 이점을 제공한다.

- 향상된 고객경험: 보다 정확한 배송시간 예상으로 고객은 서비스에 더 만족하고 긍정적인 피드백을 줄 가능성이 높아진다. 또한 이메일이나 문자메시지 서비스로 배송 예정시간 알림을 도입할 수도 있다.
- 비용 절감: 머신러닝의 주요 이점은 시간과 비용 절감이다. 경로 최적화 시스템이 연료 소비를 모니터링하고 가장 비용 효율적인 경로를 제안하기 때문이다.
- 운전자 성과 모니터링: 머신러닝을 기반으로 하는 클라우드 시스템은 직원의 업무를 감독하고 직원이 안정적으로 업무를 수행

하고 있는지 확인하는 데 도움을 준다. 그들이 도로 규칙과 근무 일정을 따르고 있는지도 확인할 수 있다. 나아가 관리자가 이 정보에 액세스할 수 있다는 사실을 인식하면 직원의 효율성과 생산성을 높일 수 있다.

- KPI(핵심성과지표) 추적: 이동시간, 연료비용, 직원 생산성 같은 주요 정보를 파악해 회사의 성과를 더 잘 모니터링하고 개선이 필요할 경우 더 빠르게 대응할 수 있다.

이러한 솔루션을 구축하는 데 사용하는 것은 경험과 최첨단 기계 학습 알고리즘이다. 이것은 예를 들어 네트워크 최적화 알고리즘 Network Optimization Algorithm, NOA 모델을 사용해 경로의 일일지도에서 시각적 가이드를 구축한다. 또한 실시간 데이터를 보여주는 모바일 앱으로 배차원과 운전기사 모두에게 보다 쉬운 작업 환경을 제공한다.

창고 운영에서 피커 라우팅과 배치 문제 해결

물류에서 인공지능이 수행하는 또 다른 작업은 창고와 유통 단계에서 상품 흐름을 위한 가장 효율적인 방법을 개발하는 일이다. AI 기반 창고관리 시스템은 창고에서 일어나는 모든 활동과 프로세스를 기록한다. 이때 소프트웨어는 수집한 이력 데이터를 분석하고 이를 바탕으로 사용하는 장비(로봇 자동/반자동 시스템)가 부하負荷를 처리하는 방법을 계획한다. 여기에 특히 도움을 주는 딥러닝, 예측 분석, 컴퓨터 비전과 제품 인식 소프트웨어는 창고에 있는 물체를 인식하고 필요한 조치를 확장해서 예측하게 해준다.

머신러닝 알고리즘의 주요 목표 중 하나는 단조롭지만 어려운 작업을 하는 사람들을 돕는 것이다. 물류와 제조 산업에서 이런 작업 중 하나는 기계도 지원하는 피커 라우팅Picker routing이다. 그 흥미로운 예는 엔비디아가 시간당 수천 건의 신규 주문을 처리하는 전자상거래 대기업 잘란도Zalando를 위해 만든 솔루션이다. 그들의 AI 기반 솔루션은 2가지 문제를 해결했다.

첫째, 피커 라우팅 시간을 단축했다.

그들은 '로프 사다리' 레이아웃(모든 제품을 통로가 있는 여러 줄에 배치한 선반에 보관함을 의미)으로 창고를 제어하는 솔루션을 준비했다. 작업자가 다른 창고에 있는 제품을 검색할 경우 시스템은 필요한 모든 품목을 선택할 수 있는 창고를 가로질러 가능한 최단 경로를 제안한다. 엔비디아의 개발자는 작업자와 작업자 카트의 움직임을 연구해 최적의 픽 투어를 찾는 OCaPiOptimal Cart Pick 알고리즘을 만들었다. 이를 기반으로 잘란도의 작업자는 S자형 라우팅routing(최적의 경로를 선택하는 과정) 휴리스틱heuristic(의사결정 과정을 단순화해 판단 시간을 줄이는 것) 사용을 중단하고 보다 최적의 경로를 계획할 수 있었다.

둘째, 일괄처리 문제를 해결했다.

잘란도에서는 모든 주문을 선택 목록에 지정해야 하며 목록을 완료하면 고객을 위해 제품을 포장한다. 엔비디아의 개발자는 작업자가 카트에 10개 항목만 담을 수 있다고 가정하고 모든 선택 목록의 이동시간 합계를 가능한 한 최소화하는 솔루션을 만들려고 했다. 그들은 가장 효율적인 주문 분할을 선택 목록으로 찾기 위해 2개 항목의 10가지 주문을 놓고 OCaPi 알고리즘으로 픽 투어를 분석했다.

어떤 기술이 이런 문제를 줄일 수 있을까? 이 프로젝트의 핵심 기술은 개발자가 OCaPi 알고리즘으로 다양한 픽업 위치를 고려해 이동시간을 계산한 고도의 비선형 기능이다. 이 솔루션은 전체 이동시간이 주로 다른 모든 제품과 멀리 떨어진 구석에서 물건을 고르는 데 들어가는 시간에 달려 있음을 보여주었다.

개발자는 OCaPi 이동시간을 더 빨리 추정하기 위해 카페Caffe 신경망 프레임워크와 엔비디아의 cuDNN 컨볼루션 신경망 라이브러리를 사용했다. 결국 이들은 4개 모델을 병렬로 학습해 매우 정확한 신경망 아키텍처를 찾아냈다. 이 시스템 덕분에 잘란도는 선택 항목당 이동시간을 약 11% 줄일 수 있었다.

04

의사의 중요한 결정을 대체하는 새로운 머신러닝 시스템

MIT와 다른 연구소 연구원들은 다른 옵션보다 더 높은 위험을 내포한 의학적 치료법을 식별하는 머신러닝 모델을 개발했다. 이 모델은 가령 패혈증 환자가 의학적 막다른 길, 즉 어떤 치료법을 쓰든 환자가 죽을 가능성이 가장 높은 지점에 가까워지면 의사에게 경고한다. 연구원들은 이 모델이 의사보다 거의 8시간 앞서 환자가 악화할 수 있음을 인식한다고 주장한다.

매년 미국에서 거의 27만 명이 패혈증으로 사망한다. 의학적으로 환자 상태를 예측하지 못하는 것은 급격한 혈압 강하, 조직 손상, 다발성 장기부전, 사망으로 이어질 확률을 높인다. 의료 전문가가 신속하게 개입할 경우 생명을 구하지만 일부 패혈증 치료는 상태를 더 악화할 수 있으며 최적의 치료법을 선택하는 것은 매우 어렵다. 예를 들어 중증 패혈증 초기에 너무 많은 수액을 정맥 주사하면 환자가 사망할 위험이 높아진다.

연구원들의 모델을 중환자실 패혈증 환자 데이터에 적용하자 사망한 환자에게 제공한 치료 중 약 12%가 해로운 것으로 나타났다. 또한 이 연구는 생존하지 못한 환자의 약 3%가 사망하기 48시간 전에 '의학적 막다른 길'에 들어섰음을 보여주었다.

MIT 컴퓨터과학과 인공지능 연구소의 헬스 ML Healthy ML 그룹 대학원생 테일러 킬리안 Taylor Killian 은 논문에서 이렇게 말한다.

"우리 모델은 의사보다 거의 8시간 앞서 환자가 악화할 수 있음을 인식한다. 민감한 상황에서는 1분, 1초가 중요하고 환자 상태와 주어진 시간에 특정 치료를 시행할 때의 위험을 인지하는 것도 몹시 중요하다는 점에서 이는 강력한 이점이다."

피해야 할 것 학습하기

이 연구 프로젝트는 킬리안과 논문을 함께 저술한 수석저자 메흐디 파테미 Mehdi Fatemi 가 2019년 쓴 논문이 촉발했다. 이 논문은 알고리즘의 효과적인 훈련을 위해 충분한 데이터를 생성하기 어려운 임의의 작업을 탐색하는 것이 매우 위험한 상황에서 강화학습 사용을 탐구했다. 더 많은 데이터를 사전에 수집할 수 없는 이런 상황을 '오프라인' 설정이라고 한다.

강화학습에서 알고리즘은 시행착오로 학습하고 보상 누적을 최대화하기 위해 조치를 취하는 방법을 학습한다. 그러나 의료 환경에서 치료 전략을 실험하는 것은 윤리적이지 않기 때문에 이러한 모델이 최적의 치료를 학습하기에 충분한 데이터를 생성하는 것은 거의 불가능하다.

고민 끝에 연구원들은 강화학습을 뒤집었다. 그들은 병원 ICU(병원 내의 집중치료 시설)의 제한적인 데이터로 환자가 의학적 막다른 길에 들어서는 것을 방지하기 위해 피해야 할 치료법을 식별하고자 강화학습 모델을 훈련했다.

킬리안은 피해야 할 것을 학습하는 것은 통계상 보다 적은 데이터를 필요로 하는 효율적인 접근 방식이라고 설명한다.

"막다른 골목으로 향하는 모든 경로를 막다른 길로 분류할 수 있다. 어떤 경로에서 방향을 틀어도 막다른 길에 놓인다. 이것이 우리가 의료의 막다른 길을 정의하는 방식이다. 어떤 결정을 내리든 환자는 죽음을 향해 나아가게 된다."

파테미는 다음과 같이 덧붙였다.

"한 가지 핵심 아이디어는 환자가 의료적 막다른 길에 들어설 가능성에 비례해 각 치료법을 선택할 확률을 줄이는 일이다. 이를 치료 안정성이라고 한다. 데이터가 그 통찰력을 직접 제공하지 않기 때문에 이는 해결하기 어려운 문제다. 우리는 이론적인 결과를 기반으로 이 핵심 아이디어를 강화학습 문제로 재구성했다."

연구진은 DeDDead-end Discovery라는 접근 방식을 개발하기 위해 신경망 복사본 2개를 만들었다. 첫 번째 신경망은 환자가 사망했을 때 부정적인 결과에만 초점을 맞추고, 두 번째 신경망은 환자가 생존했을 때 긍정적인 결과에만 집중한다. 신경망 2개를 별도로 사용함으로써 연구진은 하나에서 위험한 치료법을 감지한 뒤 다른 하나로 이를 확인했다.

그들은 각 신경망 환자의 건강 통계와 제안받은 치료법을 제공했는데, 네트워크는 해당 치료의 추정치를 출력하고 환자가 의료적 막다른 길에 들어설 확률도 평가했다. 연구진은 이러한 추정치를 비교해 임계값을 설정하고 주어진 상황에서 플래그가 발생하는지 확인했다. 이때 노란색 플래그는 환자가 우려스러운 영역에 들어서고 있음을 의미하고 빨간색 플래그는 환자가 회복되지 않을 가능성이 매우 높음을 뜻한다.

치료사항

연구원들은 '베스 이스라엘 디커네스 의료 센터' 중환자실에서 패혈증 증상을 보이는 환자의 데이터 세트를 사용해 모델을 테스트했다. 이 데이터 세트는 환자가 첫 패혈증 증상을 보인 때를 중심으로 72시간 동안 관찰한 약 1만 9,300명의 입원 사례를 포함하고 있다. 그 결과 그들은 데이터 세트의 일부 환자가 의료적 막다른 길에 직면했음을 확인했다.

또한 연구원들은 생존하지 못한 환자의 20~40%가 사망하기 전에 적어도 하나의 노란색 플래그를 보였고, 많은 사람이 사망하기 최소 48시간 전에 그 플래그를 나타냈음을 발견했다. 생존 환자와 사망 환자의 경향을 비교하자 일단 환자가 첫 번째 플래그를 나타내면 투여한 치료의 가치에 커다란 편차가 있었다. 첫 번째 플래그 주변의 시간 창은 치료를 결정할 때 중요한 포인트다. 킬리안은 이렇게 말했다.

"이로써 우리는 치료가 매우 중요하며 그것이 환자의 생존 방식과 다른 측면에서도 차이가 있음을 확인할 수 있었다. 당시 우리는 의사들이 이용 가능한 보다 나은 대안이 있어서 차선책 치료의 11% 이상을 잠재적으로 피했다는 것을 발견했다. 전 세계에서 특정 시점에 입원한 패혈증 환자의 수를 고려할 때 이는 상당히 높은 수치다."

이 논문의 또 다른 수석저자이자 헬스 ML 그룹의 수장인 마르지 가세미Marzyeh Ghassemi 조교수는 이 모델이 의사를 대체하는 게 아니라 도움을 주기 위한 것임을 지적한다.

"인간 임상의는 환자를 어떻게 치료할지 결정하는 사람이며 머신러닝 모델이 어떤 치료를 피해야 하는지 조언하는 것이 그것을 바꾸지는 않을 것이다. 우리는 1만 9천 명의 환자를 치료한 결과를 기반으로 위험을 인식하고 관련 가드레일을 추가할 수 있다. 이는 한 명의 간병인이 1년 내내 매일 패혈증 환자 50명 이상의 결과를 보는 것과 같다."

연구진은 앞으로 치료 결정과 환자 건강 호전 사이의 인과 관계를 추정하고자 한다. 이들은 의사가 정보를 기반으로 결정하는 데 도움을 줄 치룟값의 불확실성 추정치를 생성하도록 모델을 계속 개선할 계획이다. 모델을 추가 검증하는 또 다른 방법은 다른 병원의 데이터에 모델을 적용하는 것이다.

05

머신러닝으로 이미지 검색 결과의 성별과 인종 변경하기

UC 샌디에이고와 어도비 리서치Adobe Research는 공동 연구로 인종과 성별 다양성이 부족한 전통 직업의 이미지 검색 결과에 혁신적이고 능동적인 솔루션을 제안했다. 이들은 GANGenerative Adversarial Networks(생성적 적대 네트워크)을 사용해 관련 주제의 성별과 인종을 변경한 '편향된' 직업의 비실제 이미지를 생성한다.

연구원들은 논문에서 순위 재지정이 배관공, 기계 작업자, 소프트웨어 엔지니어 같은 편향된 이미지의 피처feature 수준 불균형을 수정하는 정도에 한계가 있다고 말한다. 합성 데이터로 인종과 성별 다양성을 늘리는 것이 이 문제를 해결하는 방법일 수 있다.

유토피아 세계를 추구하려면 콘텐츠 사용자에게 다양한 인종과 성별 특성을 지닌 모든 직업을 제시할 기회를 제공해야 한다. 기존 콘텐츠의 제한적인 선택은 콘텐츠 제공자에게 하나의 도전 과제다. 여기에다 검색 편향을 다루는 현재의 연구는 대부분 재순위 알고리즘에 중점을 둔다. 하지만 이 방법으로는 새로운 콘텐츠를 만들거나 사진에서 보호하는 속성의 전반적인 분포를 변경할 수 없다.

부적절한 분류와 묘사를 피하기 위한 노력

연구진은 이 문제를 해결하기 위해 불균형 데이터 세트의 여러 속성에 '고충실도 이미지 생성 컨디셔닝'이라는 새로운 작업을 제안한다. 이를 위해 이들은 다양한 GAN 기반 이미지 합성 시스템을 실험했고 결국 스타일GAN2StyleGAN2 기반 아키텍처에 조명을 적용했다.

연구원들은 구글 이미지 검색에서 '배관공'을 검색해 그 결과 관점에서 문제의 틀을 잡았는데, 이미지 결과가 젊은 백인 남성의 영향을 크게 받는다는 것을 관찰했다. 행정 보조, 청소부, 기계 작업자 같은 다양한 직업에서도 유사하게 편견이 드러났고 연령·성별·인종 편견도 나타났다.

놀랍게도 이러한 사회적 편견 때문에 일부 인종과 성별 조합은 콘텐츠 저장소에 이미지가 거의 없거나 전혀 없을 수 있다. 예를 들어 구글에서 '여성 흑인 기계 조작자' 또는 '남성 아시아 행정 보조원'을 검색하자 관련 이미지를 찾지 못했다. 여기에다 드물게 성별과 인종의 특정 조합으로 개인을 부적절하게 묘사하기도 한다. 연구진은 '여성 아시아 배관공'이나 '여성 흑인 경비원' 같은 검색어에서 이런 행동을 관찰했다.

이 논문은 2014년 연구자들이 96개 직업과 관련해 상위 400개 이미지 검색 결과를 수집한 또 다른 학술 협력을 인용한다. 그 연구에 따르면 여성은 결과의 37%만 나타내고 고정관념에 반대하는 이미지는 22%만 나타낸다. 예일대학교 2019년 연구를 보면 5년 동안 그 비율은 각각 45%와 30%에 불과했다.

부적절한 분류와 묘사는 잠재적으로 직업 인식 결과를 왜곡한다. 연구원들의 주요 과제는 1,024×1,024 해상도를 출력할 수 있는 GAN 기반의 이미지 합성 시스템을 만드는 것이었다. 현재의 기술 상태에서 GAN과 인코더/디코더 기반 이미지 합성 시스템은 512×512가 꽤 좋기 때문이다. 더 높은 것은 최종 출력을 업스케일링해서 얻는 경향이 있기 때문에 시간과 리소스를 처리하고 생성된 이미지의 신뢰성에 어느 정도 위험을 감수해야 한다. 연구원들은 이미지 검색에서 저해상도로 관심을 끌기는 어려운 탓에 진위성을 갖춰 허용 가능한 수준의 고해상도 이미지를 출력하도록 다양한 GAN 프레임워크를 실험했다고 밝혔다.

이들이 프로젝트에서 스타일GAN2를 채택하기로 결정했을 때 생성된 출력의 하위 기능(예: 인종, 직업, 성별)을 기본 배포에서 허용하는 것보다 더 많이 제어해야 한다는 것이 분명해졌다. 이에 따라 생성 프로세스를 보강하고자 다중 수준의 조건화를 사용했다.

작성자가 명시하는 특정 이미지 생성기의 아키텍처는 스타일

GAN2에만 국한되지 않고 다양한 생성기 프레임워크에 적용할 수 있다. 인종, 성별, 직업 요소를 제어하기 위해 아키텍처는 이러한 연결 특성의 원샷 인코딩을 y 벡터에 주입한다. 그런 다음 피드포워드 feedforward(실행 전에 결함을 예측해 행하는 피드백 과정) 네트워크를 사용해 이들 기능을 포함하므로 생성 시 무시되지 않는다. 연구원들은 스타일GAN2를 이 방식으로 조작하는 정도에 엄격한 제한이 있고 결과를 변경하려는 보다 세밀한 시도가 더 낮은 이미지 품질과 모드 붕괴를 초래한다는 것을 알아냈다.

이 해결 방법은 연구원들이 데이터 세트에서 과소 대표되는 엔터티를 과도하게 샘플링해 해결해야 하는 아키텍처의 암시적 편향 문제를 해결하지 못하지만 생성된 이미지 스트림의 유연성에 영향을 미칠 과적합overfitting(기계학습에서 학습 데이터를 과하게 학습하는 것) 위험이 없다. 이에 따라 연구진은 ADAAdaptive Discriminator Augmentation(적응형 판별기 증강)를 사용해 판별자가 과적합에 놓이는 것을 방지하는 스타일GAN2-ADA를 채택했다.

데이터 생성과 평가

프로젝트의 목적이 새롭고 종합적인 데이터를 생성하는 것이라서 연구원들은 2014년 프로젝트의 방법론을 채택해 높은 인종과 성별 편견을 보여주는 여러 대상 직업을 선택했다. 그들이 선택한 직업은 경영진, 행정 보조원, 간호사, 농부, 군인, 경비원, 트럭 운전자, 청소부, 목수, 배관공, 기계 작업자, 기술 지원 담당자, 소프트웨어 엔지니어 그리고 작가다.

이들 직업을 선택한 이유는 이미지 검색 결과에서 인지하는 편견의 정도뿐 아니라 대부분 유니폼, 특정 장비, 환경처럼 직업이 코드화한 일종의 시각적 구성 요소를 포함하고 있기 때문이다. 이 데이터 세트는 어도비 스톡Adobe Stock 라이브러리의 1만 개 이미지를 기반으로 했고 직업 분류를 시도할 때 보통 95% 이상의 점수를 받았다.

사실 많은 이미지가 대상 작업에 도움을 주지 않아(즉, 사람을 포함하지 않아) 수동 필터링이 필요했다. 그런 다음 페어페이스FairFace에서 사전 훈련을 받은 레스넷32ResNet32 기반 분류기로 이미지에 성별과 인종의 레이블을 지정해 성별 95.7%, 인종 81.5%의 평균 정확도를 얻었다. 그 결과 연구자들은 성별(남성, 여성), 인종(백인, 흑인, 아시아인, 기타 인종) 속성의 이미지 레이블을 얻었다.

이때 모델은 스타일GAN2와 스타일GAN2-ADA를 핵심 네트워크로 사용해 기계학습용 엔진 텐서플로TensorFlow에서 구축했다. 사전 훈련은 엔비디아의 플리커 페이시스 HQFlickr-Faces-HQ, FFHQ 데이터 세트에 관한 스타일GAN2의 사전 훈련한 가중치로 수행했으며, 작성자가 U-SOHQ라고 명명한 별도의 데이터 세트로 수집한 3만 4천 개의 직업별 이미지로 보강했다.

이미지는 4가지 아키텍처 구성으로 생성했는데 유니폼플러스Uniform+는 FID(자동 평가)와 아마존 메커니컬 터크Amazon Mechanical Turk 작업자의 후속 평가 모두에서 최고 점수를 받았다. 작성자는 이를 분류 정확도와 속성 일치 점수라는 자체 메트릭metric의 핵심 메트릭으로 사용했다. 이는 다양한 방법으로 생성한 이미지의 인간 평가로 가장 설득력 있는 방법인 유니폼플러스와 그 후속인 새로운 데이터 세트의 기초다.

연구원들은 유니폼플러스에서 파생한 전체 데이터 세트인 스톡 아큐페이션 HQStock-Occupation-HQ를 공개적으로 사용할 수 있는지 언급하지 않았지만 8,113개의 HQ(1,024×1,024) 이미지가 포함되어 있다고 명시하고 있다.

06

일상생활의 혁명을 이끄는 사물 인공지능

사물인터넷, 인공지능, 로봇 등을 포함한 기술은 우리가 살고 있는 세상을 바꿔놓았고 몇 년 동안 일상생활에 중대한 변화를 일으켜 훨씬 더 좋고 편리하게 만들었다. 기술이 더 똑똑해지면 이를 사용하는 범위도 확장되는데 최근에는 그 방법이 더욱 정교하고 서로 연결되어 있다.

먼저 IoT는 인터넷으로 다른 장치에 연결해 데이터를 교환할 수 있는 센서, 소프트웨어, 기타 기술을 포함한 '사물' 네트워크를 말한다. 그리고 AI는 기계가 경험을 기반으로 학습하고 새로운 입력에 적응해 인간과 유사한 작업을 실행하도록 돕는다.

AI와 IoT를 통합한 장치를 일반적으로 '스마트'라고 한다. 스마트한 장치는 서로 대화하고 정보를 공유하며 협업으로 작업을 수행한다.

사물인공지능AIoT은 인공지능 기술과 사물인터넷 인프라를 결합해 IoT 운영, 인간-기계 상호작용, 데이터 관리와 분석을 개선한다. IoT 장치는 사람의 개입 없이 AI로 획득한 데이터를 기반으로 학습, 평가, 통찰력 생성, 의사결정이 가능하다.

AIoT와 그 애플리케이션은 IoT와 그 장치의 범위를 넓히는 데 도움을 주고 기존 프로세스 개선과 새로운 기능 개발을 돕는다. 또한 AIoT 기술은 데이터 분석 측면에서 데이터 '학습기계'를 생성한다. 이는 기업과 연결된 작업 공간에서 프로세스를 자동화하는 데 쓸 수 있다.

모든 AIoT 사용 사례와 솔루션은 실시간 데이터에 크게 의존한다. 예를 들어 실시간 데이터를 기반으로 교통 흐름을 모니터링하고 알림으로써 도로 혼잡을 줄인다.

AI는 AIoT를 기반으로 IoT 네트워크에 연결된 프로그램, 칩셋, 에지 컴퓨팅 같은 인프라 구성 요소에 내장되어 있다. 그리고 APIapplication programming interface는 장치, 소프트웨어, 플랫폼 수준에서 구성 요소 호환성을 높이는 데 활용한다. 이런 부서는 시스템과 네트워크 운영을 개선하고 데이터에서 가치를 추출하는 데 집중할 것이다.

AIoT 개발은 다음 3단계를 포함한다.

1단계, 장치 2개를 연결하고 원격 제어로 작동한다.

2단계, 클라우드에 연결해 자동으로 AI 추론을 제공한다.

3단계, 마지막 단계로 P2P 장치 통신이다.

이에 따라 AIoT 솔루션 구축의 주요 측면은 데이터 수집, 교육, 추론을 포함한다. AIoT는 많은 이점을 제공하는데 그중 몇 가지만 살펴보면 다음과 같다.

첫째, 실시간 운영 의사결정을 한다. AIoT를 사용하면 IoT 장치가 캡처한 많은 데이터를 실시간 의사결정에 사용할 수 있다.

둘째, 데이터 전송비용을 줄여준다. 중앙 위치에 있는 AI 시스템은 에지 장치에서 중앙 서버로 상당한 양의 데이터 전송을 필요로 한다. 이때 AIoT 솔루션은 에지 장치에 분석을 제공해 데이터 전송을 줄인다.

셋째, 위험관리 전략을 개선한다. AIoT는 예측 분석으로 조직의 가능한 위험을 평가하고 이를 완화하기 위한 예방적 노력을 기울인다. 또한 연결된 신속한 대응 프로세스를 실행해 시나리오를 효율적으로 자동 처리한다.

아직 AIoT 개념은 비교적 새롭지만 기업, 산업, 소비재와 서비스 부문 같은 산업 분야를 개선할 수 있는 몇 가지 기회를 제공한다. 그리고 이 기회는 기술이 발전함에 따라 더욱 커진다.

센서 기술은 많은 사무실 건물에서 에너지와 비용 절약을 위해 사용하며 직장에서 사무실 보안을 돕고자 센서나 스마트 카메라를 쓰기도 한다. 우선 간단한 IoT 카메라가 비디오 데이터를 보안 전문가가 있는 보안 센터로 보낸다. 침입자는 AIoT 카메라로 감지하며 자동으로 소음 경보를 활성화해 침입자를 저지하고 보안요원에게 경고한다. 결국 AIoT 기술은 의사결정을 사람에서 IoT 장치로 전환해 노동력을 절약하고 규정 준수 비율을 높인다.

현재 많은 AIoT 애플리케이션이 소비자 가전에 코그니티브 컴퓨팅cognitive computing(인지 컴퓨팅)을 설치하는 데 중점을 두고 있으며 그것은 대체로 소매 상품 중심이다. 예를 들어 스마트 홈 기술은 스마트 장비가 인간의 접촉과 반응을 학습하므로 AIoT로 분류한다. 스마트 홈 장치에서 수집한 개인 선호도는 머신러닝 모델을 개선하는 데 활용한다. AIoT 장치는 사용자 선호도에서 학습하고 연합학습 같은 기술을 사용해 결정을 개선할 수 있다.

자율주행 차량도 AIoT를 활용하는데 운전 조건, 장벽, 기타 운전자 행동 데이터를 수집하기 위해 AIoT는 차량 내부·GPS·카메라를 넘어 거리의 모든 인프라에서 일련의 레이더 센서를 사용한다. 그런 다음 AI 시스템이 센서에서 수신한 데이터에 따라 결정을 내린다.

07

미래를 예측하는 인터페이스, 디지털 트윈

자동차 데이터 편집 도구

아마존 웹 서비스AWS는 자동차 차량을 모니터링하고 공장, 건물, 기타 물리적 자산에서 진화하는 출력을 집계할 디지털 트윈을 구축하고자 새로운 개발 도구를 출시했다. 개발자는 소위 IoT 트윈 메이커IoT Twin Maker로 센서, 카메라, IT 인프라 같은 다양한 IoT 소스에서 데이터를 수집한 다음 꾸준히 업데이트하는 지식 그래프 정보를 기반으로 기업 운영의 세부적인 변화를 반영한다.

AWS는 더 많은 플랫폼 기업이 디지털 트윈을 사용할 기반을 마련할 것으로 기대하고 있다. 자동차의 경우 AWS는 자동차 센서 출력을 컴파일compile(어떤 언어 코드를 다른 언어로 바꾸는 작업)하는 방식을 조화롭게 하는 데이터 표준화 도구를 출시했다. AWS의 IoT 플릿와이즈IoT FleetWise라고 불리는 이 서비스는 연결 차량에 공통 데이터 형식을 제공하도록 설계해 사용자 지정 데이터 수집 시스템이 필요하지 않다.

또한 이 플랫폼은 기상 조건, 위치, 차량 유형과 관련된 정보를 선택하는 지능형 필터링 알고리즘을 사용해 네트워크 트래픽을 줄이는 데 도움을 준다. 데이터를 AWS의 클라우드 서버 뱅크에 보관하면 개발자는 해당 데이터에 액세스해 내부를 살펴보고 각 연결 차량과 전체 차량에서 거의 실시간으로 잠재적인 성능 문제를 식별할 수 있다.

디지털 트윈 기술로 대체 우주를 본다

가상세계의 디지털 협업이 성장하고 있다. 가령 메타가 메타버스로 전환하는 동안 엔비디아는 새로운 미디어 환경에서 워크플로workflow를 향상하도록 설계한 옴니버스를 확장하고 있다.

엔비디아의 새로운 인공지능 제품군, 아바타 인터페이스, 슈퍼컴퓨팅 능력의 범위와 규모는 인상적이지만 가장 주목할 만한 발전은 바로 새로운 디지털 트윈이다. 특히 엔비디아의 옴니버스는 저커버그의 메타버스보다 1년 앞서 있다. 옴니버스는 전 세계 3D 디자이너에게 사용자가 다양한 소프트웨어 응용 프로그램을 협업할 수 있는 공유 가상세계를 제공한다.

실제로 2020년 12월 이후 록히드 마틴, 캐논 디자인, BMW 그룹, 에릭슨, 소니 픽처스 애니메이션 등 700개 이상의 회사로 구성된 7만 명 이상의 개인 제작자가 옴니버스를 다운로드했다. 엔비디아의 옴니버스 부사장 리처드 케리스Richard Kerris는 "가상세계는 혁신 다음 시대에 필수적이다"라고 말했다.

엔비디아의 새로운 개발 중 가장 흥미로운 것은 물리적 구조, 환경, 행동의 정확한 디지털 복제본인 '디지털 트윈' 출시다. 엔비디아의 시뮬레이션 기술 부사장 레브 레바레디안Rev Lebaredian은 "디지털 트윈은 본질적으로 실제세계에서 물건을 가져와 가상세계에서 표현하는 방법이므로 우리가 스스로에게 초능력을 부여할 수 있다"라고 설명했다.

"정확한 표현이 있고 그 세계가 어떻게 움직이는지 시뮬레이션이 가능하면 꽤 놀라운 일을 할 수 있다. 공장이나 지구의 모델이 있을 경우 순간이동할 수 있다. 자동차가 달리는 도시, 그 세계의 어느 지점으로든 뛰어들어 그곳에 있는 것처럼 보고 느낄 수 있다."

엔비디아의 디지털 트윈 기술로 우리는 대체 우주도 볼 수 있다. 그러면 레바레디안의 얘기를 더 들어보자.

"시뮬레이션을 사용하면 시간 여행도 가능하다. 과거에 일어난 일을 기록하거나 도로 위에서 공장에서 일어난 일을 되감기할 수도 있다. … 미래로 갈 수 있을 뿐 아니라 이 세계의 매개변수를 변경해 대안적 미래로 갈 수도 있다. 이로써 우리는 훨씬 더 밝은 미래를 계획하고 비즈니스를 최적화하며 지구와 우리 자신을 위해 더 나은 미래를 만들 수 있다."

예를 들어 주요 건설 프로젝트의 디지털 트윈을 구축하거나 자연재해의 초기 조건까지 구축하면 우리는 대안 우주에서 어떤 일이 일어날지 목격할 수 있다. 막연하게 들릴 수 있지만 캘리포니아 산불에 적절한 대응을 계획할 때 사용한 것은 현재 상태의 디지털 트윈이다. 화재 확산 방지 계획을 세울 때 '나중으로 빨리 감기'는 훨씬 더 효과적인 것으로 드러날 또 다른 방법을 보여줄 수 있다.

연결 최적화를 목적으로 5G 인프라를 구축하거나 자율주행차량 같은 실제 애플리케이션을 위한 AI 도구를 강화하는 것도 마찬가지다. 엔비디아에 따르면 "시뮬레이트한 규모가 커질수록 레이 트레이싱Ray tracing(광선 추적법)은 다른 방법보다 덜 민감하다." 레이 트레이싱은 단일 장면(또는 디지털 트윈)에서 대수 삼각형이 가능해 가령 BMW 공장이나 도시 장면을 혼합할 수 있다.

특히 레이 트레이싱은 복잡성이 증가함에 따라 다른 방법에 비해 경쟁우위를 보여준다. 이것은 컴퓨터 그래픽의 선구자들이 30년 이상 꿈꿔온 일로 노트북에서 실시간으로 수천만 명에게 한 번에 전달할 수도 있다. 그야말로 연구, 혁신, 예방 노력을 위해 엄청나게 복잡한 프로세스를 시뮬레이션하는 엔비디아의 응용 프로그램은 수조 달러 규모의 산업을 변화시킬 수 있다.

08

더 나은 가상현실 경험을 만드는 AI

가상현실, 증강현실 헤드셋은 착용자를 다른 환경, 즉 세계와 경험에 직접 배치하도록 설계했다. 이 기술은 이미 몰입형 품질로 소비자 사이에서 인기가 있지만 홀로그램 디스플레이가 실제 생활과 훨씬 더 흡사해 보이는 미래도 가능하다. 이처럼 더 나은 디스플레이를 추구하기 위해 스탠퍼드대학교 컴퓨터 영상 연구실은 광학과 인공지능 전문지식을 결합했다.

현재의 증강현실과 가상현실 디스플레이는 시청자의 눈에 실제 세계에서 보는 것과 같은 3D나 홀로그램 이미지 대신 2D 이미지만 표시한다. 스탠퍼드대학교 컴퓨터 영상 연구실 리더이자 전기공학 부교수인 고든 베츠슈타인Gordon Wetzstein은 "그것은 지각상 현실적이지 않다"라고 설명했다.

베츠슈타인과 그의 동료들은 시각적으로 더 매력 있고 눈에 쉽게 보이는 디스플레이를 만드는 동시에 시뮬레이션과 현실 사이의 이 간극을 메울 솔루션을 찾기 위해 노력하고 있다. 이들은 과학 저널 〈사이언스 어드밴시스Science Advances〉에 발표한 논문에서 일반 레이저 기반 홀로그램 디스플레이에서 흔히 볼 수 있는 반점 왜곡을 줄이는 기술을 자세히 설명한다. 또한 세계 최대 컴퓨터 그래픽 컨퍼런스 '시그라프 아시아SIGGRAPH Asia' 출품작은 3D 장면이 현실세계에 존재할 경우 적용할 물리학을 보다 사실적으로 표현하는 기술을 제안한다.

신경 홀로그램 디스플레이

지난 수십 년 동안 기존 홀로그램 디스플레이의 이미지 품질은 제한적이었다. 베츠슈타인이 설명했듯 연구원들은 홀로그램 디스플레이를 LCD 디스플레이만큼 멋지게 보이도록 하는 문제에 직면해 있다.

한 가지 문제는 홀로그램 해상도에서 광파의 형태를 제어하기 어렵다는 점이다. 고품질 홀로그램 디스플레이 생성을 방해하는 또 다른 주요 과제는 시뮬레이션에서 진행하는 것과 실제 환경에서 보이는 동일한 장면 사이의 격차를 극복하는 일이다.

이전에 과학자들은 이 2가지 문제를 모두 해결하는 알고리즘을 만들려고 했다. 베츠슈타인과 그의 동료들도 알고리즘을 개발했으나 이들은 인공지능의 한 형태로 인간의 두뇌가 정보를 배우는 방식을 모방한 신경망을 사용했다. 이것은 '신경 홀로그래피'라고 부른다. 베츠슈타인은 이렇게 말했다.

"인공지능은 엔지니어링의 거의 모든 측면과 그 이상에 혁명을 일으켰다. 그러나 홀로그램 디스플레이나 컴퓨터 생성 홀로그래피의 특정 영역에서는 이제 인공지능 기술을 탐구하기 시작했을 뿐이다."

스탠퍼드대학교 컴퓨터 영상 연구실의 박사후 연구원인 이판 펭Yifan Peng은 광학과 컴퓨터 과학 분야의 학제 간 배경을 활용해 홀로그램 디스플레이에 들어갈 광학엔진을 설계하는 데 도움을 주고 있다. 〈사이언스 어드밴시스〉 논문의 공동저자이자 시그라프 출품작의 공동 제작자인 펭은 다음과 같이 말했다.

"최근에야 기계지능 혁신이 부상하면서 컴퓨터 기술 발전을 활용할 수 있는 강력한 도구와 기능에 액세스하게 되었다."

이들 연구원이 만든 신경 홀로그램 디스플레이는 디스플레이에서 발생하는 실제 물리학을 모방하고 실시간 이미지를 달성하도록 신경망을 훈련하는 것을 포함한다. 그들은 이것을 조정과 개선사항을 알리기 위해 거의 즉각적인 피드백을 제공하는 '카메라인더루프camera-in-the-loop' 보정 전략과 짝지었다. 결국 연구원들은 이미지를 본 상태에서 실시간으로 실행하는 알고리즘과 보정 기술을 만들어 더 나은 색상, 대비, 선명도로 보다 사실적으로 보이는 영상을 만들었다.

새로운 '시그라프 아시아' 출품작은 3D 장면에 신경 홀로그래피 시스템을 처음 적용했음을 강조한다. 이 시스템은 장면의 일부를 의도적으로 멀리 떨어뜨리거나 초점이 맞지 않는 것으로 묘사한 경우에도 시각적 깊이를 포함한 장면을 고품질로 실감 나게 표현한다.

〈사이언스 어드밴시스〉 작업은 인공지능에서 영감을 얻은 알고리즘과 함께 동일한 '카메라인더루프' 최적화 전략을 사용해 부분적으로 일관성 있는 광원(LED과 SLED)을 쓰는 홀로그램 디스플레이를 위해 개선한 시스템을 제공한다. 이 광원은 비용, 크기, 에너지 요구 사항이 매력적이며 레이저 같은 간섭성 광원에 의존하는 시스템이 생성한 이미지의 얼룩덜룩한 모양을 피할 가능성도 있다. 그러나 부분적으로 일관성 있는 소스 시스템이 얼룩을 방지하는 데 도움을 주는 동일한 특성으로 인해 대비가 부족한 이미지가 흐려지는 경향이 있다. 연구원들은 부분적으로 일관성 있는 광원의 물리학에 특정 알고리즘을 구축함으로써 LED와 SLED를 사용해 최초로 고품질에 얼룩이 없는 홀로그램 2D와 3D 이미지를 생성했다.

베츠슈타인과 펭은 가상현실, 증강현실과 함께 이러한 인공지능 기술 결합이 향후 여러 산업에서 점차 보편화할 것이라고 믿는다. 베츠슈타인은 이렇게 말했다.

"나는 웨어러블 컴퓨팅 시스템과 일반적으로 AR, VR의 미래를 강하게 믿는다. 그리고 이런 기술이 사람들의 삶에 혁신적인 영향을 미칠 것이라고 생각한다."

앞으로 몇 년 동안은 그렇지 않을 수도 있지만 베츠슈타인은 증강현실이 '큰 미래'라고 믿는다. 현재 증강가상현실은 주로 게임과 관련되어 있지만 그것과 증강현실은 의학을 포함한 다양한 분야에서 활용할 가능성이 크다. 가령 의대생은 증강현실로 훈련할 수 있고 CT 스캔과 MRI의 의료 데이터를 환자에게 직접 오버레이할 수 있다.

베츠슈타인의 설명을 더 들어보자.

"이미 연간 수천 건의 수술에 이러한 유형의 기술을 사용하고 있다. 우리는 미래 수술 계획에서 더 작고 더 가벼우며 시각적으로 더 편안한 머리 착용 디스플레이가 큰 부분을 차지할 것으로 전망한다."

09

AI가 뇌 이해를 심화한다

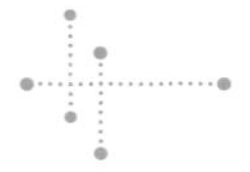

인공신경망은 생물학 대응물에서 영감을 받은 것으로 유명하다. 그러나 인간의 두뇌와 비교할 때 이런 알고리즘은 매우 단순하며 심지어 '만화'에 가깝다.

과연 뇌가 어떻게 작동하는지 가르쳐줄 수 있을까? 2021년 11월에 열린 신경과학학회 연례회의에서 패널리스트들이 한 대답은 "예"이다. 딥러닝은 뇌를 모델링하기 위한 것이 아니다. 물론 완전히 불가능한 것은 아니지만 생물학적으로 가능하지 않은 요소가 포함되어 있다. 패널리스트는 그것이 요점은 아니라고 주장한다. 우리는 딥러닝 알고리즘이 수행하는 방식을 연구함으로써 뇌 프로세스와 관련해 수준 높은 이론을 추출할 수 있다.

노스웨스턴대학교 파인버그 의과대학 컴퓨터 신경과학 전문가 사라 솔라Sara Solla는 "단순한 모델을 사용하는 것이 잘못된 것은 아니다"라고 말했다. 포함하거나 제외할 항목을 발견하는 것은 신경망에 중요한 것과 진화적 쓰레기를 찾는 강력한 방법이다.

앨버타대학교의 알로나 피시Alona Fyshe 박사도 여기에 동의한다.

"인공지능 알고리즘은 생리학의 충실한 모델은 아니지만 이미 뇌를 이해하는 데 유용하다."

그녀는 인공지능 알고리즘은 인지, 기억, 행동을 유도하는 뉴런의 회로 조립 방식과 관련해 전반적인 수학적 관점을 제공할 수 있다는 것이 핵심 포인트라고 말한다. 그렇다면 딥러닝 모델에서 빠진 것은 무엇일까?

얼스터대학교의 패널리스트 시안 오도넬Cian O'Donnell 박사에게는 그 답이 많다. 우리는 종종 뇌를 생물학적 컴퓨터라고 말하지만 뇌는 전기와 화학 정보 모두에서 실행한다. 오도넬은 분자 데이터를 인공신경망에 통합할 경우 AI가 생물학적 뇌에 더 가깝게 다가갈 수 있다고 주장했다. 딥러닝은 아직 뇌가 사용하는 여러 계산 전략을 사용하지 않는다. 피시는 인공지능을 사용해 신경과학에 영감을 줄 때 "미래는 이미 와 있다"라고 말했다.

언어에서 '작은 두뇌'의 역할

피시는 예를 들기 위해 언어의 신경과학 연구로 눈을 돌렸다. 우리는 피질을 언어 해독을 위한 중앙처리 장치로 여기지만 그 연구는 놀랍게도 허브인 소뇌를 가리킨다. '작은 뇌'라고 불리는 소뇌는 일반적으로 운동과 균형 역할을 담당하는 것으로 알려져 있다. 그만큼 신경과학자들은 언어처리와 관련해 아직 암흑기에 있다.

그럼 미치도록 놀라운 언어쓰기 능력을 갖춘 딥러닝 모델 GPT-3를 생각해 보자. 간단히 말해 GPT-3는 시퀀스의 다음 단어를 예측해서 작동한다. AI와 그 후계자들은 출시 이후 인간과 유사한 시, 에세이, 노래, 컴퓨터 코드 등을 저술했고 인간과 기계를 구별하는 임무를 맡은 심사위원을 압도하는 작품을 만들어냈다.

텍사스대학교 알렉산더 후스Alexander Huth 박사가 이끄는 이 연구에서 지원자들은 fMRI로 뇌를 스캔하며 몇 시간 동안 팟캐스트를 들었다. 이어 연구팀은 이 데이터를 사용해 두뇌가 어떻게 작동하는지 예측할 수 있는 5가지 언어 기능을 기반으로 AI 모델을 훈련했다. 예를 들어 한 기능은 말할 때 입이 어떻게 움직이는지 포착했다. 다른 기능은 언어의 또 다른 맥락에서 단어가 명사인지 동사인지 살펴보았다. 이 방식으로 연구는 낮은 수준의 음향에서 높은 수준의 이해에 이르기까지 언어처리의 주요 수준을 포착했다.

그런데 놀랍게도 GPT-3에 기반한 콘텍스트 모델만 새로운 데이터 세트에서 테스트했을 때 신경활동을 정확히 예측할 수 있었다. 결론이 뭐냐고? 소뇌는 사회적, 특히 사람 범주와 관련된 수준 높은 처리를 선호한다! 피시는 "이것은 소뇌가 하는 일을 이해하려면 신경망 모델이 필요하다는 매우 강력한 증거다"라고 말했다. 심층 신경망이 없었다면 이런 예측은 불가능했을 것이다.

딥 바이오 러닝

뇌에서 영감을 받았음에도 불구하고 딥러닝은 머리 안의 흔들리는 바이오 하드웨어에 느슨하게 기반을 두고 있다. 또한 AI는 생물학적 제약을 받지 않아 인간 두뇌의 속도를 훨씬 능가하는 처리 속도를 허용한다. 그렇다면 창시자는 어떻게 외계인 지능에 더 가깝게 다가갈 수 있을까?

오도넬은 우리가 신경망의 논바이너리Non-binary(비이분법) 측면으로 다시 뛰어들 필요가 있다고 본다. 그는 이렇게 말했다.

"뇌에는 여러 수준의 조직이 있다. 유전자와 분자부터 회로에 연결되는 세포에 이르기까지 마술처럼 인지와 행동으로 이어지는 조직이 있다."

현재 딥러닝 모델에 없는 생물학 측면을 보는 것은 어렵지 않다. 학습에서 그 역할을 점점 더 인정받는 뇌의 세포 유형 중 하나인 별아교세포를 예로 들어 보자.

뉴런의 꼬인 가지(수지돌기) 내부의 '미니 컴퓨터'가 단일 뉴런을 암시하는 것은 이전에 생각하던 것보다 훨씬 더 강력하다. 그리고 학습의 게이트키퍼 역할을 하는 분자는 지방 거품으로 포장되어 수신자의 활동을 변경하기 위해 한 뉴런에서 다음 뉴런으로 떠다닐 수 있다.

핵심 질문은 이것이다. 이 생물학적 세부사항 중 어느 것이 중요할까? 오도넬이 설명하듯 딥러닝이 더 높은 생물학적 확률로 이동할 수 있는 3가지 측면은 계산, 학습 그리고 물리적 제약의 기초인 생물학적 세부사항을 추가하는 것이다. 한 가지 예를 들자면 인접한 뉴런을 연결하는 물리적 충돌인 시냅스 구조를 능동적으로 재구성하고 데이터를 계산하며 동시에 기억을 저장하는 것 같은 뉴런 내부의 생화학적 작업자다. 단일 뉴런 내에서 분자는 데이터 입력에 반응해 수상돌기 주위를 떠돌아 전기신호보다 훨씬 느린 시간 규모로 생화학적 계산을 촉발할 수 있다. 일종의 '빠르고 느린 사고'지만 이는 단일 뉴런 수준이다.

마찬가지로 뇌는 딥러닝 알고리즘과 전혀 다른 방식으로 학습한다. 심층 신경망은 한 가지 작업에서 매우 효율적이지만 뇌는 많은 작업에서 항상 유연하다. 또한 딥러닝은 전통적으로 지도 학습(정답이 포함된 많은 훈련 예제가 필요하다는 점에서)에 의존했으나 뇌의 주요 계산 방법은 감독받지 않고 종종 보상을 기반으로 한다.

뇌의 물리적 구속도 그 효능에 기여할 수 있다. 뉴런은 활동량이 적은데 일반적으로 절전 모드에서 침묵하고 필요할 때만 작동해 에너지를 보존한다. 그와 동시에 그들은 잡담 상자로 매우 시끄럽다. 즉, 지저분한 세상을 해결하기 위해 내장된 이중화 트릭이 있다.

마지막으로 뇌는 공간 낭비를 최소화한다. 입력과 출력 케이블은 마치 스파게티 면과 비슷하지만 뇌에서 3D 위치가 계산에 영향을 줄 수 있다. 서로 가까이 있는 뉴런은 직접 연결되지 않은 경우에도 화학 조절제 욕조를 공유한다. 이 국부적이면서도 확산된 규제는 딥러닝 모델에서 많이 누락되어 있다.

이런 것은 핵심 세부사항처럼 보이기도 하지만 뇌의 계산 전략을 딥러닝과 다른 경로로 밀어 넣을 수도 있다. 결론은 무얼까? 오도넬은 "딥러닝과 두뇌 사이의 연결은 탐구할 가치가 있지만 일반적으로 심층 신경망에 통합하지 않는 알려진 생물학적 메커니즘과 알려지지 않은 생물학적 메커니즘이 많이 있다"라고 말했다.

기계 정신 융합

어쨌든 AI와 신경과학은 분명 수렴하고 있다. 동기부여나 주의 같이 딥러닝에서 일반적으로 고려하지 않던 신경과학 측면이 이제 딥러닝 대중에게 점점 인기를 얻고 있다.

솔라에게 중요한 것은 딥러닝 모델을 실제 두뇌에 가깝게 유지하되 너무 가깝지 않게 유지하는 일이다. 그녀는 "시스템 자체만큼 상세하고 충실한 모델은 유용하지 않을 수 있다"라고 말했다.

패널리스트 세 명 모두 딥러닝이 신경과학과 시너지를 내도록 추상화와 신경생물학적 정확성 사이의 스위트 스폿을 찾는 것이 다음 관건이라는 데 동의했다.

아직 알려지지 않은 질문 중 하나는 '어떤 세부사항을 포함해야 하는가'이다. 신경과학의 아이디어를 체계적으로 테스트하는 것은 가능하지만 솔라에게 은총은 없다. 그녀는 "문제에 따라 달라질 것"이라고 말했다. 이와 관점이 다른 오도넬은 다음과 같이 말했다.

"딥러닝 네트워크를 사용하면 작업을 잘 수행하도록 훈련할 수 있을 것이다."

이전에 표준 뇌에서 영감을 받은 모델은 해결할 수 없었다. 그는 2가지를 비교하고 통합함으로써 잠재적으로 두 세계의 장점을 취할 수 있다고 말했다.

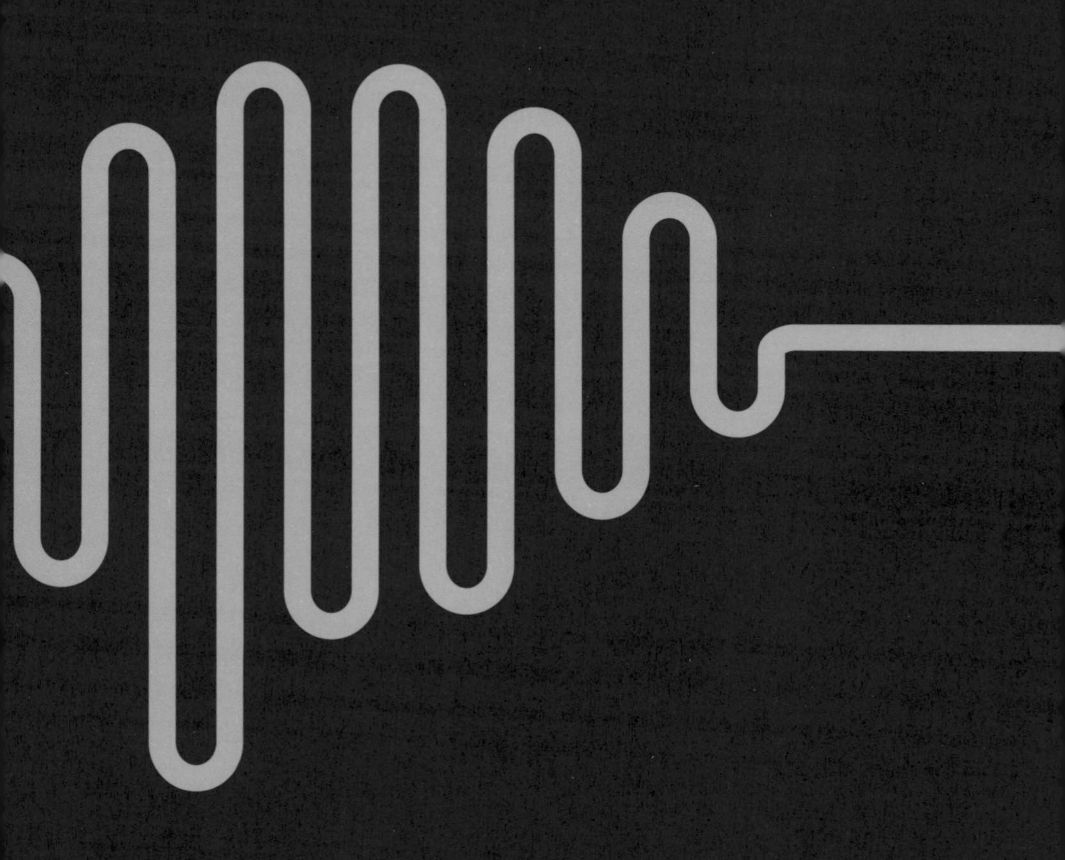

PART

5

모빌리티의 미래

01

내연기관의 종말

최근 2가지 이슈가 순수 전기자동차로 전환하는 속도를 높이고 자동차와 경자동차 내연기관ICE 소멸을 가속화하고 있다. 하나는 2021년 글래스고에서 열린 제26차 유엔기후변화협약 당사국총회COP26에서 100개 이상 기업이 2035년까지 ICE 차량을 단계적으로 폐지하기 위한 무공해 차량 관련 글래스고 협정에 서명한 일이다. 서명자 중에는 포드와 제너럴모터스도 있고 캐나다·영국이 캘리포니아, 뉴욕, 워싱턴주, 댈러스시와 함께 서명했다. 다른 하나는 미국이 최근 제정한 1조 2천억 달러 인프라 법안에 전기자동차EV 충전소를 위한 자금 75억 달러를 포함했다는 점이다. 이들의 목표는 2030년까지 전국에 50만 개의 EV 스테이션을 만드는 것인데 현재 약 10만 개가 있다.

이 2가지 중에서도 특히 인프라 법안에 따른 자금 조달은 우리가 완전히 EV로 전환하는 데 커다란 영향을 미칠 전망이다. 근래 몇 년 동안 대부분의 자동차 제조업체가 최소한 하나의 EV 모델을 내놓았다. 그러나 한 번의 충전으로 이동 가능한 주행거리 제한, 충전소 부족, EV를 80% 충전하는 데 30분 소요에다 몇 가지 기술과 인프라 문제로 판매가 감소했다. 아직 많은 소비자의 눈에 EV는 세컨드용이면 몰라도 '유일한 차'로는 비실용적이다.

전기자동차의 반전

그러나 배터리와 급속 충전이라는 새로운 혁신이 우리 눈앞에 다가와 있다. 기술 발전 속도로 보아 2025년까지 주행거리 1,000마일(약 1,600km)과 재충전 시간 10분을 예상하고 있다. 이를 위해서는 몇 가지 돌파구가 더 필요하지만 세계는 빠른 속도로 그 방향으로 나아가고 있다. 이와 함께 급속 충전 EV 스테이션을 주유소만큼 보급하면 소비자의 망설임은 2035년 이전에 빠르게 사라질 것이다.

2020년 통계에 따르면 전기자동차는 전 세계 신차 판매의 4.5%를 차지하고 도로 위 모든 차량의 약 1%를 점유했다. 그 중심은 유럽 국가인데 전 세계 모든 국가와 지역에서 동일한 시기에 같은 속도로 전기자동차로 전환하긴 어렵다. 인프라나 기타 리소스가 균등하게 분배되지 않았고 앞으로도 그럴 가능성이 없기 때문이다.

또한 이 전환은 전쟁, 쿠데타, 기근, 기타 임박한 위협처럼 훨씬 더 심각한 문제에 직면한 국가에서는 우선순위가 아닐 수도 있다. 우리는 향후 10~20년 동안 저개발국가에서 중고 ICE 차량이라는 2차 시장을 볼지 모른다. 해당 지역과 기타 지역의 현지화한 자동차 제조업체는 현지 판매용 ICE 차량을 계속 생산할 수도 있다.

어쨌든 주요 국제 자동차 제조업체는 제로 배출 차량(배터리나 수소 연료전지 기술)으로 전환할 전망인데 몇 가지 세부 정보를 살펴보면 다음과 같다.

- 현대 - 2040년까지 모든 모델을 전기차로 전환한다.
- 아우디 - 2026년 이후 출시하는 모든 신모델을 전기차로 전환한다. 그러나 2030년대 초까지는 현재의 가스, 디젤, 하이브리드 모델을 계속 구축한다.
- 볼보 - 2025년까지 자동차 판매의 50%는 EV, 50%는 하이브리드로 전환한다. 2030년 이후에는 전기차만 생산한다.
- 포드 - 2025년까지 전 세계 판매의 40~50%를 전기차로 전환하고 유럽에서는 그 수치를 100%로 높인다.
- 닛산 - 일본, 중국, 미국, 유럽에서 판매하는 모든 신차는 2030년대 초까지 EV로 전환한다.
- 폭스바겐 - 2035년까지 유럽에서 판매하는 모든 차는 전기차로 전환하고 그 직후 미국과 중국에서도 판매한다.
- 제너럴모터스 - 2035년까지 EV만 판매한다.
- 혼다 - 2040년까지 북미, 중국, 일본에서만 EV를 판매한다.

정확한 날짜가 언제든 우리는 휘발유 자동차의 마지막 날에 빠르게 다가가는 중이고, 이는 우리 삶과 현재의 세계질서에 중대한 혼란을 야기할 전망이다. 일부 정부의 명령이 특정 회사의 ICE 종말 시기에 1~2년 영향을 미칠 수도 있지만 대세는 이미 정해졌다.

석유와 가스 부문 하락세

현재 미국에서 생산하는 석유의 약 40%를 소비하는 것은 승용차와 소형 트럭 같은 경량 차량이다. 이러한 ICE 차량의 몰락은 향후 10년 동안 석유와 가스 산업에 큰 혼란을 안겨줄 것이다. 이것이 태양·풍력·화력·수력 발전, 원자력, 화석연료 탐사와 생산의 활용도를 높이는 현재의 추세와 결합할 경우 경제를 주도하기보다 틈새 산업이 될 가능성이 크다.

변화하는 경제

1970년대와 1980년대의 탈산업화가 디트로이트와 러스트 벨트rust belt(과거에 미국 제조업의 호황기를 구가하던 중심지였다가 쇠락한 북부와 중서부 지역) 전역에서 어떻게 경제적 재앙을 초래했는지 기억하는가? 에너지 회사가 계속 과도하게 투자하고, 화석연료 추출에 의존하며, 정부가 에너지 생산세나 연료세에 의존하는 것에서 벗어나지 않으면 텍사스와 노스다코타 같은 주에서 유사한 국지적 경제 붕괴를 목격할지도 모른다.

외교 정책

미국·러시아·중국은 세계 5대 산유국에 속하며 이라크, UAE, 이란, 쿠웨이트는 상위 10위 안에 들어간다. 이제 이들 국가의 영향력은 달라질 수밖에 없고 지구상 모든 국가의 전략적 외교 목표도 변할 것이다. 무엇보다 세계 최고 에너지 기술을 보유한 국가가 외교적 우위를 점유할 가능성이 크다.

02

도시의 항공&자율주행 모빌리티

도시의 항공 모빌리티는 1조 달러 규모의 산업으로 특히 배터리, 자율 시스템, 제조 공정 발달로 도시의 항공 모빌리티가 주목을 받고 있다. 수십 년 전 군용 드론으로 시작한 이 산업은 곧 전기화, 자율적인 수직 이착륙 차량VTOL, 드론 패키지 배송으로 이어졌다.

무엇보다 더 빠른 상품 운송 수요가 증가하면서 기업들은 새롭고 혁신적인 라스트 마일 배송 솔루션을 개발하기 위해 경쟁하고 있다. 그 대표적인 것은 드론으로 운반하는 피자, 의료용품, 시간에 민감한 품목이다.

이 작은 비행기계는 무게나 크기 같은 기술 장벽이 낮고 규제 장애물이 적어서 사람을 태우는 더 큰 드론보다 더 널리 선택을 받고 있다. 사람을 태울 수 있는 드론은 여전히 비싸고 기술과 안전 문제 부담이 더 크다.

그렇지만 2020년대 들어 기업들은 항공기 설계를 개선하고 시험 비행에 성공함으로써 규제 장벽을 넘어섰다. 실제로 전 세계 주요 도시에 더 많은 화물을 실을 수 있는 드론 배달 서비스와 함께 하늘을 나는 택시가 등장했다.

이 대형 비행 차량은 처음에 주로 부유한 고객이 이용하고 기존 운송 인프라의 틈새 애드온add-on(기능 보강을 위해 추가한 프로그램) 역할을 하다가 2030년대에 점차 일반화해 기존 자동차와 항공 회사 시장점유율을 잠식할 전망이다. 이미 최근 완벽한 안전 기록을 보유한 VTOL은 건전한 도로 여행의 대안이자 도시를 가로지르거나 그 사이를 이동하는 비용과 시간 효율적인 방법으로 자리매김하리라고 본다. 2038년이면 도시의 항공 모빌리티 시장이 전 세계적으로 2020년에 비해 200배 늘어난 1조 달러 규모에 도달할 것이다.

여전히 자동차, 트럭, 기차, 기타 차량이 지배적이지만 모든 크기의 드론과 관련 인프라(착륙 패드, 전기 충전 지점 등)는 이제 많은 대도시에서 도시 환경의 중요한 부분을 형성하고 있다. 이것은 특히 세계 시장의 3분의 1을 차지하는 중국에서 두드러진다. 이러한 비행 차량은 대중의 태도가 자율성을 선호하고 안전 문제를 완화하면서 2040년대와 그 이후까지 계속 인기를 얻으며 더 작은 마을과 농촌 지역으로 퍼져갈 가능성이 크다.

비행 오토바이

일본의 스타트업 A.L.I. 테크놀로지스A.L.I. Technologies가 하늘을 나는 오토바이 개발에 성공해 판매에 들어갔다. 도쿄에 기반을 둔 이 드론 스타트업은 후지산 근처의 거의 비어 있는 경마장에서 시간당 최고 속도 100km인 비행 오토바이의 미래 운송 비전을 발표했다.

운전자는 마치 공상과학 영화의 한 장면처럼 엑스투리스모XTurismo를 켰고 이 비행 오토바이는 지상에서 몇 미터 높이 솟아올라 약 1분 30초 동안 트랙을 따라 순항했다.

엑스투리스모를 개발한 A.L.I. 테크놀로지스에 따르면 '호버바이크'라고 하는 이 기술은 무게가 300kg이고 한 명의 라이더를 태울 수 있으며 최대 40분 동안 최고 속도로 이동한다. 주로 내연기관으로 구동하는 엑스투리스모는 2개의 메인 프로펠러에 의존해 높이 뜨고 바이크는 동일한 고도 제어 기술 A.L.I.를 장착하고 있다. 여기에다 드론 제품을 사용해 공중에서도 부드럽게 활공할 수 있다.

미국에 기반을 둔 제트팩 에비에이션JetPack Aviation 역시 최근 스피더Speeder 프로토타입 비행 테스트에 성공했고 프랑스 스타트업 라자헤Lazareth도 하늘을 나는 오토바이를 개발하고 있다.

전기 에어택시

영국 히드로 공항은 2025년부터 시속 약 320km로 전기 에어택시를 운영한다. 이를 위해 영국 히드로 공항은 전기 수직 이착륙eVTOL 차량을 운영할 준비를 하고 있다. 한마디로 불과 몇 년 안에 무공해 에어택시가 우리의 일상이 될 수 있다.

영국 스타트업 버티컬 에어로스페이스Vertical Aerospace(이하 버티컬)는 eVTOL을 조건부로 사전 주문받은 것이 업계 대부분의 회사보다 많은 54억 달러로 최대 항공기 1,350대에 해당한다. 허브 공항과 협력해 영국에서 중요한 단계를 밟은 이 회사의 글로벌 고객에는 아메리칸 에어라인스American Airlines, 버진 애틀랜틱Virgin Atlantic, 아볼론Avolon, 브리스토 그룹Bristow Group, 이베로제트Iberojet가 있다.

버티컬과 히드로 공항은 공항의 인프라와 규제 변경부터 주변 지역사회나 취업 기회에 미칠 잠재적 영향까지 미래 eVTOL 운영을 위한 적절한 프레임워크 작업을 시작할 것이다. 버티컬에 따르면 히드로 공항에서 운항하는 일부 항공사는 eVTOL 기술 개발을 지원하고 이를 대중에게 공개하는 데 관심이 있다.

버티컬의 eVTOL인 VA-X4는 히드로 공항에서 런던까지 승객 4명을 단 12분 만에 수송할 수 있다. 배기가스가 전혀 없고 소음이 거의 없으며 기존 택시와 거의 동일한 비용으로 말이다. VA-X4는 롤스로이스와 함께 개발한 고성능 파워 트레인과 수직 이착륙이 가능한 군용기 F-35B와 유사한 첨단 항공전자공학으로 만든 것이라 eVTOL

중 단연 돋보인다. 가령 헬리콥터보다 100배 더 낮은 소음과 시간당 321.8km(시간당 최고 속도 322km) 이상의 속도 수준을 결합하면 VA-X4는 탄소 중립 목표를 지원하면서도 효율적이고 편안한 운송을 제공할 수 있다.

VA-X4는 일본 항공JAL과 국제 항공기 리스 회사인 아볼론(버티컬의 파트너 중 하나)의 협력으로 2025년부터 일본에서 운영을 시작할 예정이다.

로보택시

2020년 현대차 그룹과 미국 자율주행 전문업체 앱티브Aptiv가 설립한 합작사 모셔널Motional은 완전히 무인화한 로보택시(로봇과 택시의 합성어로 무인 자율주행 택시를 의미함)에 도전한다. 모셔널은 2023년 로보택시 서비스를 출시할 도시를 발표했는데 놀랍게도 그곳은 라스베이거스다. 사실 모셔널은 앱티브 시절이던 2018년 승차 공유 서비스 기업 리프트Lyft와 공동 파트너십을 맺고 라스베이거스에서 처음 자율주행 차량을 테스트하기 시작했다. 이 테스트는 2018년 연례 CESConsumer Electronics Show 기간 동안 앱티브와 리프트가 1주일간 파일럿으로 시작해 승객 10만 명 이상의 여행을 도왔다.

모셔널은 이미 2021년 2월 운전석에 사람이 탑승하지 않은 상태에서 차량을 테스트했다. 이 테스트는 인명 안전 운전자 없이 시행했는데 그것도 네바다주로부터 승인을 받은 지 3개월도 채 되지 않은 시점에 이뤄졌다. 운전자 없이 테스트를 하는 동안 회사 직원이 차량의 조수석에 앉았고 필요할 경우 차량을 멈출 수 있었다.

자율주행 화물트럭

월마트와 자율주행차 스타트업 가틱Gatik은 2021년 8월 미들 마일Middle mile 영역에서 완전 무인 운영을 시작했는데, 공공도로에서 하루에도 여러 번 일관성 있게 반복적으로 배송을 실행한다. 물류에서 퍼스트 마일First mile은 제품이나 농산물을 공장과 농장에서 창고로 가져가는 부분, 미들 마일은 물류 센터에서 소매점까지 가는 부분, 라스트 마일은 고객의 문 앞을 말한다.

그동안 월마트는 실리콘 밸리 자율주행 스타트업 가틱과 박스형 자율주행 화물차를 공동 개발해 왔다. 이들은 18개월간의 성공적인 운영을 마친 뒤 2020년 12월 아칸소주 고속도로 위원회Arkansas State Highway Commission의 승인을 받고 2021년 8월부터 안전 운전자 없이 매일 12시간 동안 약 11km의 공공도로에서 두 대의 자율주행 트럭을 시범 운영하고 있는 것이다.

그리고 같은 해 11월 8일 월마트와 가틱은 전 세계 자율주행 트럭 업계 최초로 창고에서 소매점까지 완전 무인 자율주행 배송을 시작했다고 발표했다.

가틱은 아칸소주 벤톤빌에 있는 월마트의 배송 경로에서 운전석에 사람이 없는 다중온도 자율상자 트럭을 운영하고 있으며 안전한 교차로, 신호등, 밀집된 도시 도로에서 합류하는 복잡한 도시 경로를 매일 탐색한다.

이 파트너십으로 월마트의 이웃 시장 중 한 곳과 온라인 주문을 독점 처리하고자 개발한 매장 내 쇼핑을 위해 개방하지 않은 소매 공간인 '다크 스토어' 중 한 곳 사이에 고객 주문이 이동한다. 가틱의 월마트 배치는 자율 트럭 회사가 세계 어느 곳에서나 미들 마일 배송 경로에서 안전 운전자를 제거한 최초의 사례다.

자율주행 전기트럭

스웨덴의 자율주행 전기차 스타트업 아인라이드Einride는 트럭 운전을 사무직으로 전환하는 작업을 시도하고 있다. 유럽에서 가장 큰 전기트럭을 운영하는 아인라이드는 2021년 11월 초 미국에서 자율주행 전기트럭 팟Pods과 사가Saga 운영체계를 테스트하기 시작했다. 미국 경제 매체 〈비즈니스 인사이더Business Insider〉에 따르면 전기트럭은 아직 공공도로가 아니라 개인 화물 야적장에서 테스트한다.

이 회사는 새로운 미국 버전으로 아인라이드 팟Einride Pod과 플랫베드 팟Flatbed Pod을 출시했다. 미국 팟은 유럽 버전과 유사하게 미국 자동차공학회SAE 기준 자율주행 레벨 4 기술을 특징으로 하며 안전 아키텍처 덕분에 차량에 운전자가 없어도 팟이 작동한다. 특히 플랫베드 팟은 모든 종류의 배송 요구사항에 사용하는 모듈식 차량 역할을 한다.

아인라이드는 전기와 자율 운송수단을 운영하기 위해 원격 트럭 운전자를 고용했는데 이 최초의 직책은 팟 오퍼레이터라고 부른다. 이 회사는 미국에서 사업을 시작한 첫 5년 동안 최소 일자리 2천 개를 창출하길 희망한다.

아인라이드의 팟 오퍼레이터는 자율주행 차량을 모니터링하고 긴급 상황이 발생하거나 차량이 건설 구역 진입 혹은 사고 같은 특정 상황에 놓일 경우 이를 처리하는 임무를 맡는다. 이들 원격 작업자는 작은 손잡이로 차량에 영향을 주거나 '팟 주변 파노라마 보기'로 상황을 파악할 수 있다. 각 작업자는 최대 10개의 팟을 동시에 모니터링한다.

배달 자율차

옥스퍼드에 기반을 둔 자율주행차 솔루션 스타트업 스트리트드론StreetDrone은 도심 물류 문제를 해결하기 위해 특별히 설계한 새로운 자율주행차를 공개했다. 그것은 딜리버-EDeliver-E로 자율주행 기능을 위한 센서, 카메라, 라이더를 장착한 르노Renault의 트위지Twizy를 기반으로 하는 마이크로 모빌리티 솔루션이다. 이는 도시 환경에서 라스트 마일 배송 솔루션이 급성장하자 소포나 음식 같은 품목의 배송을 위해 만든 자율차량이다.

스트리트드론의 수석 전략가 마크 프레스턴Mark Preston은 이렇게 말한다.

"스트리트드론의 딜리버-E 제품은 작은 패키지를 배달하는 데 너무 많은 대형 밴을 사용하면서 발생하는 도시 혼잡을 우려하는 목소리를 가라앉히고자 마이크로 모빌리티 라스트 마일 솔루션을 제공한다. 이 차량은 도심을 위한 소형, 전기, 연결, 완전 자율 마이크로 모빌리티 물류 차량을 향한 여정의 첫 단계다."

소형 전기 배송 차량의 목표는 더 크고 시끄러운 밴과 트럭의 혼잡을 없애기 위해 비용 효율적으로 라스트 마일 배송과 물류 문제를 해결하는 것이다. 앞으로 '바퀴 달린' 아마존 로커Amazon Locker(무인 택배함)처럼 작동하는 레벨 5 버전도 출시할 계획이다.

03

무인항공기와 로봇

인재관리 솔루션 전문업체 콘 페리Korn Ferry의 최근 보고서에 따르면 2030년까지 전 세계적으로 최대 8,500만 개의 일자리, 그러니까 8조 5천억 달러에 달하는 숙련 노동력 부족이 발생할 것이라고 한다. 이러한 일자리는 대부분 코로나-19 팬데믹으로 글로벌 공급망과 노동력 풀의 약점을 노출한 산업이나 서비스 부문에서 발생한다.

하지만 무인항공기UAV와 로봇은 수동 작업을 효율적으로 자동화해 이러한 상황을 완화할 수 있다. 이미 세계는 보안과 감시, 소포 배달, 농업, 국방, 자연재해 복구, 인도적 지원 배달 임무를 포함해 고유하고 중요한 여러 응용 프로그램에 UAV를 신속하게 도입하고 있다. 몇 년 후면 UAV가 고전압 전선 검사, 교량과 타워 검사, 상업용 선체 검사와 수리 같은 더 위험한 유형의 애플리케이션에서 보다 큰 역할을 맡을 것이다.

이러한 유형의 애플리케이션에 UAV를 사용하면 더 빠른 응답과 실시간 데이터 수집을 비롯해 여러 가지 이점이 있다. 더 중요한 것은 현재 인간 근로자가 수행하는 고위험 활동에 무인 시스템을 투입할 경우 직원 부상, 부수적 손해나 관련 책임 비용 위험을 제거할 수 있다는 점이다.

오늘날 세계 경제가 더욱 통합하고 상호의존적으로 변화하면서 소비재와 내구재 수요가 기하급수적으로 증가하고 있다. 그 폭발적인 수요 때문에 공장은 적시에 상품을 제조하고 배송하거나 부품을 구매하는 일에 어려움을 겪고 있는데 바로 여기에 로봇 서비스가 필요하다.

특히 로봇은 제한적인 의사결정이 필요한 라우팅(최적의 경로를 선택하는 과정) 작업에 탁월하다. 로봇은 예측과 반복이 가능하고 몇 주 동안이라도 계속 작동할 수 있으므로 효율성을 높여 처리량이 증가한다. 이런 결과는 소비자가 요구하는 것으로 결국 로봇과 자동화 시스템은 빠른 속도로 늘어나고 있다.

그런데 UAV와 로봇공학을 광범위하게 배포하려면 여기에 크게 영향을 미치는 전력을 재고해야 한다. 더 무거운 페이로드를 운반하면서 더 긴 비행시간을 달성하거나 온보드 배터리·연결 전원·수소 연료전지 같은 대체 에너지원과 태양열, 풍력, 재생에너지 등 다양한 전원을 사용해 생산 요구를 충족하는 온라인 상태를 유지하도록 전력을 공급해야 한다.

여기에다 소비자는 일반적으로 전원 공급 장치의 크기와 무게에 신경을 많이 쓰는데 대개 작은 공간에 맞는 장치를 원한다. 소비자의 이 욕구를 충족해 주는 훌륭한 솔루션이 바로 전원 모듈이다. 이것은 열에 적합하고 소형이며 모바일 애플리케이션에 많은 전력을 제공한다. 또한 고밀도 전력 공급 네트워크가 작동하므로 전원이 모바일 애플리케이션의 기능을 제한하는 경우 적절하게 사용하면 혁신이 가능할 수도 있다.

모듈 기반 솔루션은 고효율로 높은 수준의 통합을 제공하기 때문에 기존 전원 토폴로지보다 훨씬 작은 설치 공간을 활용해 전원을 최대한 이용할 수 있다. 이러한 전력 공급의 패러다임 전환은 UAV와 로봇공학 설계자가 타협 없이 설계에 더 많은 기능, 더 높은 작동 전압을 활용할 수 있다는 것을 의미한다.

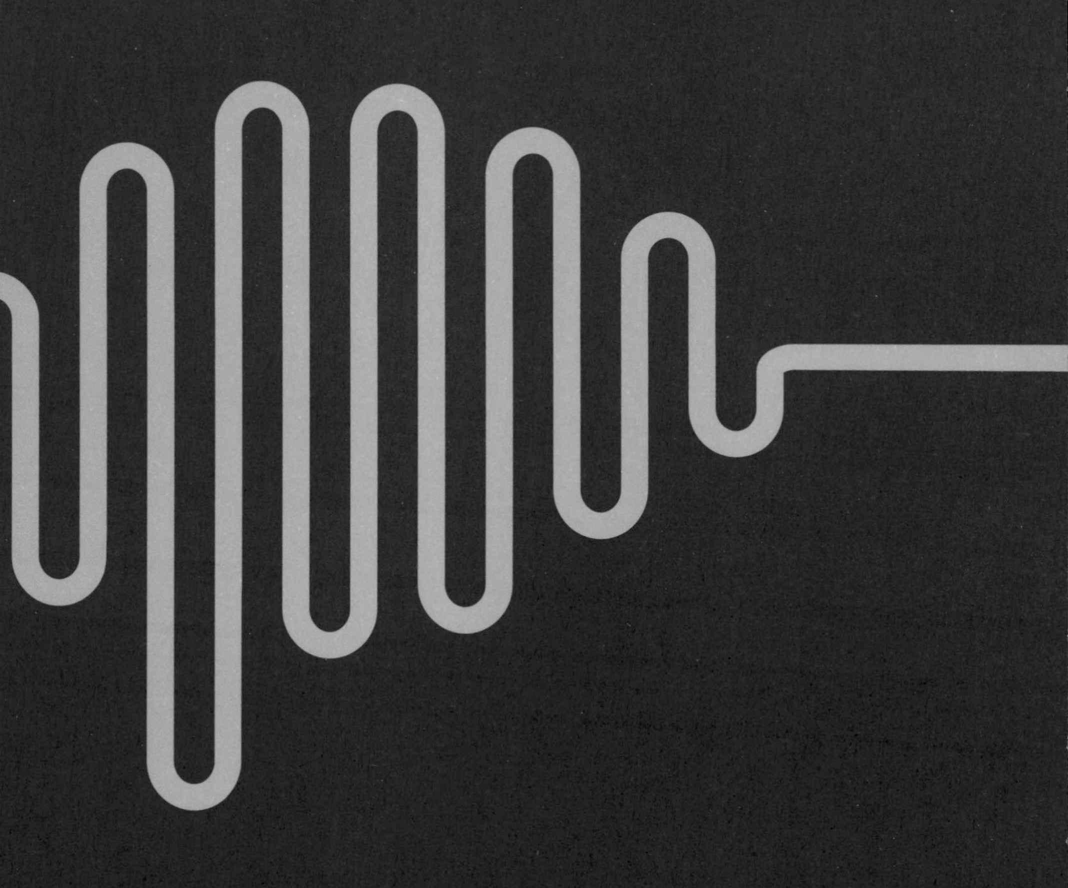

PART 6

의료·헬스케어

01

AI 기반 가상의사가 건강 문제에 답한다

2017년 5월 로히트 샤르마Rohit Sharma 박사가 설립한 헬스테크 스타트업의 지니ZINI는 의료 데이터로 교육받은 AI 기반 가상의사다. 사용자는 앱으로 액세스할 수 있는 지니로 모든 의학적 증상이나 건강 문제를 상담할 수 있다. 이 앱에서는 음성인식 인공지능 비서 알렉사Alexa와의 대화로 950개가 넘는 건강 증상과 300개 이상의 질병 평가 혹은 조치 권장, 자세한 보고서 제공, 환자가 연락할 수 있는 인근 의료시설 정보를 공유할 수 있다.

지니는 2021년 10월 런던에 기반을 둔 벤처캐피털이자 사모펀드PE 회사인 솔라루스 그룹Solarus Group으로부터 사전 시리즈A(아이디어 구체화로 제품이나 서비스 가능성을 검증받은 단계) 자금을 조달했다.

코로나-19 팬데믹을 겪으며 사람들은 건강에 더욱 관심을 보이기 시작했고 특히 가정의의 중요성을 더 크게 느꼈다. 지금처럼 가정의가 없는 상황에서 의료 응급 상황이 발생하면 우리는 누구에게 의존해야 할까?

최근 보고서에 따르면 인도의 의사와 환자 비율은 2021년 현재 1:1,445로 세계보건기구WHO 권고 1:1,000보다 낮다. 정부 병원에는 환자 1만 명당 의사가 한 명 있고 의사가 전혀 없는 1차 의료 센터PHC도 있다. 적시에 적절한 의학적 조언을 받지 못하는 상황은 환자에게 결코 이롭지 않다. 로히트 샤르마 박사는 이런 문제를 해결하기 위해 델리에 본사를 둔 비공개 유한회사 그라인파드GRAINPAD의 주력 제품인 지니를 내놓았다.

로히트에 따르면 의료를 지도하고 환자가 적시에 의료 지원을 받도록 지시하는 지니는 인도의 의사와 환자 비율 격차를 해결할 하나의 방법이다. 또한 지니는 연구를 촉진하고 정책입안자가 커뮤니티의 데이터 기반 결정을 내리는 것을 지원하는 구조화한 데이터 수집에도 도움을 줄 수 있다.

어떻게 작동할까

환자가 열이 나서 의사에게 전화를 하면 의사는 일반적으로 열이 나는 이유를 알아내려고 노력한다. 로히트는 인도의 스타트업 전문 매체 〈유어스토리YourStory〉에서 다음과 같이 말했다.

"발열의 원인은 200가지가 넘는다. 그런데 환자가 열이 나는 '이유'를 모르면 의사는 추가 조치를 조언할 수 없다. 의사는 환자와의 대화로 열이 나는 정확한 원인을 알아내기 위해 더 많은 정보를 추출하려 한다. 이 인터뷰 프로세스는 임상진료의 환자 인터뷰 단계로 '기록 수집'이라고도 한다. 의사는 철저한 인터뷰를 거친 뒤에야 증상의 원인과 이상적인 행동 과정을 결정할 수 있다."

지니는 기록 수집 과정을 자동화할 수 있는 가상 지능으로 이를 '기록 수집 봇'이라고 부른다.

지니는 다음 〈도표〉처럼 각 단계를 자동화해 가능한 진단이 무엇인지 파악하고 상황에 따라 환자에게 추가 안내를 제공한다. 로히트의 설명을 더 들어보자.

환자 관리 프로세스의 5단계

"지금까지 인류 역사를 통틀어 오직 인간 의사만 이 일을 할 수 있었다. 진료 과정에는 지식(의학), 지성, 직관(경험)이라는 3가지 요소가 필요하기 때문이다. 그렇지만 지금은 데이터와 인공지능의 힘을 사용해 지니 같은 가상 에이전트가 이 과정을 복제할 수 있다. 이 기술은 다양한 제품에 통합되어 있고 그중 일부는 지니 안드로이드 앱ZINI the Android App, OPD(외래 진료) 관리 시스템, 의료 APIApplication Programming Interface와 5분 클리닉 시스템을 포함한다."

제품과 비즈니스 모델

지니는 B2B와 B2C 모델 모두에서 작동하는데 이 중 B2B는 지니가 다음 제품을 제공하는 병원을 말한다.

- 메디컬 APIMedical API/SDK 'Plug n Play' 서비스: 병원은 지니를 기존 앱이나 웹사이트에 쉽게 통합해 환자에게 '심프텀 체커Symptom Checker(증상 확인)' 옵션을 제공할 수 있다.
- OPD 관리 시스템: 병원은 지니를 사용해 정보를 보다 체계적이고 데이터 중심으로 만들 수 있다. 환자는 그냥 기다리지 않고 대기하는 동안 '지니와의 인터뷰'를 완료할 수 있으며 그 모든 정보는 의사의 대시보드에 표시된다. 이 경우 후속 조치에 따른 처방 등 모든 것을 화면으로 제공할 수 있다.

B2C 측면에서 지니 앱은 증상을 논의하고 환자에게 초개인화한 조언을 제공한다. 이것은 다음 내용을 포함한다.

- 지니 헬스케어 AIZINI Healthcare AI: 환자는 이 앱으로 모든 종류의 건강 문제를 놓고 지니와 대화할 수 있다. 이것은 완전한 가상 건강 가이드다.
- 코로나 무크트 바라트Corona Mukt Bharat: 이 앱은 개별 증상에 따라 코로나-19의 위험을 평가하도록 설계했다. 또한 인근 검사 센터와 의료시설을 보여주고 WHO나 MOHFW(인도 보건 · 가족복지부)의 최신 정보를 업데이트한다.

로히트는 "B2C 비즈니스 모델에서는 처음부터 100개의 무료 평가를 제공한다"고 말한다.

"이것을 게시하면 연간 300건의 평가에 관해 Rs 399/month +GST의 패키지를 제공한다. B2B 비즈니스는 병원의 요구사항에 따라 다르다. 즉, 체인과 단일 병원, 처리해야 할 쿼리query의 수, 연간 패키지 혹은 5년 패키지 등 기술 요구사항에 따라 달라진다."

또한 이 스타트업은 코로나-19 위험 평가 API, 캠퍼스 건강 도우미, 기업 건강 도우미, 5분 클리닉/지니 OPD, 의료 코딩 자동화, AI 컨설팅과 개발 서비스를 포함해 파이프라인에 5~6개의 다른 제품을 보유하고 있다.

02

위암을 조기 발견하는 시스템

식도위십이지장내시경EGD은 상부 위장관에서 발견한 병변을 검사하는 데 널리 쓰이지만 내시경 의사 사이에 상당한 성능 편차가 있어서 조기위암EGC 확인에 상당 부분 실패한다. 그런데 국제 학술지 〈크리티컬 엔다스커피Clinical Endoscopy〉에 발표한 연구에서 중국 우한대학교 인민병원 연구원들은 AI 기술로 병변의 객관적 평가를 실시간으로 탐지하는 비율을 높여 조기진단을 확립하고 위암을 신속히 치료할 가능성을 높일 수 있다고 제안한다.

이들은 이전에 EGD를 하는 동안 간과한 위 영역('사각지대'라고 함)을 모니터링하는 기능을 시연한 AI 시스템 위센스WISENSE를 업데이트했다. 또한 훈련받은 실시간 EGC 탐지 모델을 위센스 시스템에 통합하고 업데이트한 시스템의 이름을 엔도엔젤ENDOANGEL로 바꿨다.

이 연구원들은 엔도엔젤을 개발하기 위해 심층 컨볼루션 신경망 CNN과 심층 강화학습을 사용했다. 이때 중국의 5개 병원에서 EGD를 한 환자 1,050명을 엔도엔젤 지원 프로토콜(n=498)과 엔도엔젤 시스템을 사용하지 않은 대조군(n=504)으로 무작위 배정했다. 검사는 백색광 영상관찰, 확대영상증강내시경관찰, 의심병변 생검biopsy(조직검사)으로 이뤄졌다.

연구진은 사각지대 수를 기준으로 두 그룹을 비교해 실제 임상 환경에서 EGC를 예측하는 AI 기반 엔도엔젤 시스템의 성능을 평가했다. 그 결과 엔도엔젤에 배정한 환자는 대조군에 배정한 환자에 비해 평균 사각지대 수가 의미 있게 적었다(각각 5.38 대 9.82, P 〈 .001). 이러한 이점이 있긴 하지만 엔도엔젤 그룹의 환자는 검사 시간이 훨씬 더 길었다(5.40분 대 4.38분, P 〈 .001).

엔도엔젤군 그룹에서 내시경 전문의가 보고한 병변은 819건이었는데 그중 196건의 위 병변이 병리학적 결과를 보였다. 연구진에 따르면 엔도엔젤 시스템은 점막암 1개, 고등급 종양 2개, 진행성 위암 2개 등 3개 EGC를 모두 정확히 예측했다. 병변당 정확도는 84.7%였고, 위암을 감지하는 민감도와 특이도는 각각 100%와 84.3%였다.

이들은 분석 자체의 한계와 짧은 추적 조사에 따른 한계, 맹검(실험할 때 편향 작용을 막기 위해 실험에 관여하는 사람에게 정보를 공개하지 않는 것)하지 않은 통계학자가 보였을 법한 편견에 주목했고 더 많은 연구가 필요하다는 의견을 피력했다. 그리고 이러한 결론을 내렸다.

"딥러닝 기반 내시경 품질 개선 시스템인 엔도엔젤은 EGD 중 내시경 사각지대, 타이밍, EGC 검출을 실시간으로 모니터링했다. 이 다기관 연구에서 엔도엔젤은 EGD의 품질을 크게 높였고 실제 임상 환경에서 EGC를 감지할 가능성을 보여주었다."

03

인공지능으로 새로운 단백질을 만들다

모든 세포에 존재하는 끈 같은 분자 '단백질'은 복잡한 3차원 모양으로 접히는데 그 모양은 세포 발달, DNA 수리, 신진대사를 포함한 거의 모든 생물학적 과정의 핵심이다. 그런데 바로 그 복잡한 모양이 단백질 연구를 어렵게 만든다. 생화학자들은 종종 컴퓨터를 사용해 단백질의 끈, 즉 염기서열이 어떻게 접힐지 예측하는데 최근 몇 년간 딥러닝이 그 정확성에 일대 혁명을 일으켰다.

인공지능을 이용해 고양이의 설득력 있는 이미지를 만들 듯 이제는 비슷한 도구로 새로운 단백질을 만들 수 있다. 워싱턴대학교 의대 생화학자이자 같은 대학의 단백질 디자인 연구소인 데이비드 베이커David Baker 교수의 실험실 연구원 이반 아니시첸코Ivan Anishchenko는 과학전문지 〈네이처Nature〉에 게재한 보고서에서 새롭고 안정적인 구조로 단백질의 '환각hallucinates' 신경망 발달을 설명한다. 공동저자이기도 한 그는 "이번 프로젝트를 위해 우리는 단백질 서열을 완전히 무작위로 구성하고 우리의 신경망이 안정적인 구조물로 접을 것임을 예측할 때까지 여기에 돌연변이를 투입했다"라고 말했다.

이반 아니시첸코는 "우리는 어떤 시점에도 소프트웨어를 특정 결과로 이끌지 못했다"며 "이 새로운 단백질들은 마치 컴퓨터가 꿈을 꾸는 것과 같다"라고 했다. 이 연구팀은 미래에는 인공지능이 유용한 기능을 하는 새로운 단백질을 생성하도록 조종하는 것이 가능해질 것이라고 내다보고 있다.

공동저자로 데이비드 베이커 연구소의 박사후 연구원인 샘 펠록Sam Pellock은 "단백질 기반 약품, 효소, 이름을 포함해 기능을 갖춘 단백질을 설계하기 위해 딥러닝을 사용하고 싶다"라고 말했다.

UW 메디컬 센터, 하버드대학교, 렌슬러폴리테크닉연구소RPI 소속 과학자들이 참여한 연구팀은 접힐 것으로 예측한 단백질 2천 개의 서열을 새로 생성했다. 그중 100개 이상을 실험실에서 생산해 연구했는데, 단백질 3가지를 상세하게 분석한 결과 컴퓨터가 예측한 모양을 실제로 연구실에서 실현했다는 것이 밝혀졌다.

뉴욕 트로이의 렌슬러공과대학RPI 선임 연구원 테레사 라멜롯Theresa Ramelot은 "워싱턴대학교 팀이 결정한 X선 결정 구조와 함께 우리의 핵자기공명NMR 연구는 환각 접근법으로 생성한 단백질 디자인의 놀라운 정확도를 보여준다"라고 말했다.

RPI의 화학과 화학생물학 교수이자 공동저자인 가에타노 몬텔리

오네Gaetano Montelione는 다음과 같이 지적했다.

"우리가 데이비드 베이커 연구소와 함께 관찰한 결과, 환각 접근은 자연적 친족 관계가 없는 단일한 단백질 배열도 딥러닝으로 그 구조를 예측하는 것이 상당히 정확할 수 있다는 것이 밝혀졌다. 특정 생체 분자를 결합하거나 원하는 효소 활성 부위를 형성하는 새로운 단백질을 환각할 수 있는 잠재력은 매우 흥미롭다."

2021년 생명과학 분야에서 획기적인 상을 받은 워싱턴대학교 의대 생화학자 데이비드 베이커는 "이러한 접근 방식은 단백질 디자인을 크게 단순화한다"라고 말했다.

"이전에는 특정 모양의 새로운 단백질을 만들기 위해 먼저 자연에서 관련 구조를 세심히 연구한 뒤 디자인 과정에 적용할 일련의 규칙을 고안했다. 각각의 새로운 유형 접기에는 새로운 규칙이 필요했다. 이 부분에서 단백질 구조의 일반 원리를 포착하는 딥러닝 네트워크를 사용해 접이식 규칙의 필요성을 없애고 단백질 기능 부분에만 직접 집중할 가능성을 열어두었다."

베이커는 "현재 이 전략을 어떻게 특정 애플리케이션에 가장 잘 활용할지 활발하게 탐구하고 있는데 이것이 다음 돌파구가 될 것으로 기대한다"라고 했다.

04

누가 치매에 걸릴지 예측하는 AI

새로운 대규모 연구에 따르면 AI는 기억 클리닉에 다니는 사람들이 2년 이내에 치매에 걸릴지 92%의 정확도로 예측할 수 있다. 국제 학술지 〈자마 네트워크 오픈JAMA Network Open〉에 실린 이 연구는 영국 엑서터대학교 연구진이 미국에 있는 1만 5,300명이 넘는 환자의 데이터를 기반으로 수행한 것이다.

연구진은 미국 30개 국립 알츠하이머 조정 센터의 기억 클리닉 네트워크에 참석한 사람들의 데이터를 분석했는데, 연구 시작 당시 치매가 아니었던 참석자들은 기억력과 뇌 기능에 다양한 문제를 겪고 있었다. 이 연구의 색다른 점은 알고리즘이 가장 위험한 사람을 파악하기 전에 먼저 데이터의 숨겨진 패턴을 식별함으로써 치매로 잘못 진단하는 오류를 줄이는 데 도움을 준다는 것이다. 실제로 치매 진단의 약 8%가 오류로 보였고 결국 진단이 뒤집혔다. 머신러닝 알고리즘은 일관성 없는 진단 중 80% 이상을 정확히 식별했다.

엑서터대학교의 앨런 튜링 펠로fellow(특별 교우)로 이 새로운 연구를 감독한 데이비드 루엘린David Llewellyn 교수는 이렇게 말한다.

"이제 우리는 2년 내에 누가 치매에 걸릴지 정확히 예측하도록 컴퓨터를 가르칠 수 있다. 또한 우리의 머신러닝 접근 방식이 오진일 수 있는 환자를 식별한다는 사실을 알게 되어 기쁘다. 이것은 임상 실습에서 추측을 줄이고 진단 경로를 크게 개선해 가족이 필요한 지원에 최대한 신속하고 정확히 접근하게 해줄 잠재력이 있다."

같은 대학의 연구원 제니스 랜슨Janice Ranson 박사는 "우리는 치매가 매우 두려운 상태라는 것을 알고 있다"며 "메모리 클리닉에 머신러닝을 포함하면 진단이 훨씬 더 정확해지고 잘못된 진단으로 발생할 수 있는 불필요한 고통을 줄이는 것이 가능하다"라고 말했다.

영국 알츠하이머 연구의 연구 책임자 로사 산초Rosa Sancho 박사는 다음과 같이 설명한다.

"인공지능에는 치매를 유발하는 질병을 조기 발견할 수 있는 엄청난 잠재력이 있다. 이것은 자기 자신이나 사랑하는 사람이 치매 증상을 보일 것을 우려하는 사람들을 위한 진단 프로세스에 혁명을 일으킬 수 있다."

이 연구는 2005~2015년에 이뤄졌고 참가자 10명 중 한 명은 기억 클리닉을 방문한 지 2년 이내에 새로운 치매 진단을 받았다.

05

외과의사를 지원하는 AI 시스템

토론토에 있는 UHN University Health Network 스프로트 외과의 일반 외과 의사 아민 마다니 Amin Madani 박사는 외과의를 지원하는 AI 시스템을 개발해 수술 위험을 줄이고자 노력하고 있다. 사실 그는 수술에 성공하는 비율을 높이는 인공지능의 잠재력에 크게 회의적이었다.

하지만 그는 엘리트 외과의가 수행하는 사고 과정과 기술을 이해하고 수술 결과 향상을 위해 연구를 시작했다. 그 과정에서 그는 연구로 얻은 지식을 최대한 활용하는 데 어려움을 겪었다. 그때 데이터와 컴퓨터 과학자들은 그에게 고도로 숙련된 외과의의 마음을 모방하는 인공지능 모델을 구축할 것을 제안했다.

비록 회의론자였지만 데이터 과학자들과 협력한 그는 컴퓨터 비전을 바탕으로 장기 해부에서 안전한 영역과 위험한 영역을 실시간으로 식별하는 프로토타입을 만들었다. 아직 초기 단계에 있지만 이 기술은 담낭 수술, 특히 복강경 담낭절제술LC 절차에 적용할 준비를 갖췄다.

일반적으로 복강경 담낭절제술은 내부를 보기 위해 복부를 절개한 뒤 카메라를 삽입하고 안전하게 담낭을 제거한다. 마다니의 AI 시스템은 카메라로 캡처한 비디오를 실시간 컬러로 투영한다. 녹색으로 나타난 담낭 영역은 해부하기에 안전한 반면 빨간색으로 나타난 영역은 외과의사가 만지면 안 된다. 이 AI 시스템은 37개국의 135개 기관과 전문 외과의사 153명의 담낭 수술 영상 290개를 바탕으로 개발했다. 시스템은 데이터를 분석한 뒤 패턴을 파악하고 독립적인 결정을 내린다. 흥미로운 이 프로토타입 디자인은 외과 계열 학술지 〈애널스 오브 서저리Annals of Surgery〉에 자세히 실려 있다.

이 새로운 시스템은 전문 외과의의 주석과 시스템 예측을 교차 확인해서 결정하는데 안전Go과 위험한No Go 해부 영역을 90% 이상의 정확도로 인식했다. 이 시스템 구현에서 중요한 과제는 대부분의 주요 수술에 사용할 수 있는 데이터가 부족하다는 점이다. 가령 담낭 제거만큼 흔하지 않은 수술은 시스템을 가르칠 수술 비디오 형태의 데이터 세트가 충분하지 않다. 이러한 문제를 잘 알고 있는 마다니는 수술 비디오의 글로벌 저장소를 만들기 위해 건강 전문가와 논의하고 있다.

증강현실 확대로 수술 시뮬레이터는 이미 훈련 목적으로 사용하고 있지만 수술에는 극도의 기술과 집중력, 정확성이 필요하고 연구원들은 외과의를 훈련하고 지원하는 AI 시스템을 개발하길 희망한다. 마다니가 개발한 AI 시스템은 외과의사를 실시간 지원하고 올바른 결정을 내리도록 도와준다. 이 AI 모델을 훈련하기 위해 수술 비디오의 글로벌 저장소를 사용하면 다른 수술에 적용할 수 있고 수술실에서 의사를 지원하는 '두 번째 눈' 역할도 하므로 관련성이 훨씬 더 높아진다.

06

AI 기반 디지털 알약

전 세계인의 건강을 개선하려면 약물이 더 효과적이고 저렴해야 한다. 여러 브랜드와 제네릭 의약품generic medicine(복제약)을 사용할 수도 있지만 만성 의약품의 부분적 또는 완전한 반응 상실은 효과가 없는 주요 원인이다. 이것을 환자의 순응도 부족과 결합하면 더 많은 의료 문제가 발생한다.

1세대 AI 시스템은 이러한 요구사항을 충족하지 않아 채택률이 낮았다. 반면 2세대 AI 시스템은 환자의 임상 결과를 개선하는 단일 주제에 초점을 맞추고 있다. 다시 말해 디지털 알약은 개인화한 2세대 AI 시스템과 브랜드 또는 제네릭 약물을 결합해 순응도를 높이고 만성 약물의 반응 손실을 극복함으로써 환자 반응을 개선한다. 이는 약물 효과를 개선해 의료비용을 줄이고 최종 사용자 채택을 늘리는 데 도움을 준다.

만성 약물의 부분적 또는 완전한 반응 손실이 있음을 증명하는 예는 많이 있다. 가령 암 관련 약물의 내성은 다발성 악성종양 치료의 주요 장애물이며 간질환자의 3분의 1은 항간질 약물에 내성을 보인다. 우울증 환자 역시 비슷한 비율로 항우울제에 내성을 나타낸다. 만성 약물의 반응 상실 외에 낮은 순응도도 많은 비전염성 질환Non-communicable disease, NCD의 일반적인 문제다. 예를 들어 중증 천식환자의 50% 미만이 흡입 치료를 준수하는 반면 고혈압 환자의 40%는 준수하지 않는다.

2세대 시스템의 목적은 성과를 높이고 부작용을 줄이는 데 있다. 이 시스템은 빅데이터에 따른 편견의 장애물을 극복하고자 개인화한 치료 요법에서 'n=1' 개념을 구현한다. 이러한 알고리즘의 초점은 개별 주제와 관련해 임상적으로 의미 있는 결과를 낸다. 2세대 시스템에서 사용하는 개인화한 폐쇄 루프closed loop 시스템은 말단 기관 기능을 개선하고 내성과 효과 손실을 극복하도록 설계했다.

2세대 AI 시스템의 더 나은 점

1세대 시스템은 4P 모델(예측, 개인 맞춤, 예방, 참여 치료)을 촉진하고 환자의 자율성을 제공하도록 설계했다. 2세대 AI 시스템에는 '5th P'를 추가하는데 이는 커다란 진보다. 2세대 플랫폼은 진단 지원, 예측,

맞춤 치료를 위해 데이터를 분석하는 대신 생물학적 프로세스를 개선하는 데 도움을 준다. 나아가 2세대 AI 시스템은 정량화가 가능한 증상 또는 실험실 종말점을 개선하고 장기 기능, 정신 건강, 약물 반응 개선에 중점을 둔다. 이 알고리즘의 목표는 기관의 기능을 정상으로 되돌리는 데 있다.

많은 만성질환이 예측할 수 없는 역동적인 궤적을 따라 진행된다. 이런 이유로 치료 요법에 지속적인 적응이 필요하지만 1세대 AI는 종종 이를 무시한다. 또한 많은 치료법이 몇 달이 지나도록 반응 손실을 나타내지 않는다. 여기에다 1세대 AI 시스템은 대부분 대규모 데이터베이스에서 데이터를 추출하고 모든 주제에 '하나를 위한' 엄격한 알고리즘을 인위적으로 부과한다. 따라서 빅데이터 분석을 기반으로 치료 요법을 계속 수정하려는 시도는 개별 환자와 관련이 없을 수 있다.

반면 2세대 AI 시스템은 치료에 따른 반응을 개선하고 시간이 지남에 따라 치료 반응에서 개체 간 혹은 개체 내 변동성을 쉽게 분석하도록 설계했다. 모든 주제에 '최적에 가까운' 적합성을 부여하는 것은 생물학적 시스템의 역동성이나 고유한 가변성과 관련된 어려움을 해결하지 못한다. 이를 고려한 2세대 AI 시스템은 알고리즘 진원지인 단일 환자에 초점을 맞추고 적시에 출력을 조정한다. 개별화한 방식으로 피드백에 계속 응답하고 통찰력 있는 데이터베이스를 생성하는 것이다. 이러한 플랫폼은 대량의 고품질 데이터가 필요하지 않으며 단일 환자의 입력을 기반으로 작동할 수 있다.

방대한 데이터 세트를 분석하기 위해 개발한 기존 머신러닝 시스템은 두뇌가 수행하는 방식과 유사하지 않다. 뇌는 특정 맥락 내에서 데이터를 분석해 학습한다. 비행기를 새와 구별하기 위해 천 대의 비행기를 볼 필요는 없다. 이 접근 방식의 차이는 개별 환자에게 좋은 결과를 얻으려고 할 때 문제가 된다. 대규모 데이터 세트에서 단일 환자로 일반화하는 것은 피험자 간의 큰 이질성과 질병 유발인자, 개별화한 숙주 반응의 지속적인 변화로 인해 많은 경우 성공하지 못한다.

n=1 개념은 질병의 역동성과 단일 환자의 반응에 초점을 맞춰 2세대 플랫폼으로 구현할 수 있다. 빅데이터 세트에서 학습한 다중 숙주, 질병과 환경 관련 변수는 해당 주제의 입력을 분석하고 그 출력을 생성하는 단일 주제 기반 알고리즘으로 구현이 가능하다.

정신질환과 희귀질환

의료 시스템의 또 다른 주요 과제는 희귀질환 환자다. 늦은 진단과 오진부터 치료에 따른 적절한 반응 부족, 효과적인 모니터링 도구 부재에 이르기까지 이들 환자는 커다란 장애물에 직면한다. 1세대 인공지능 알고리즘은 만성질환 관리를 개선하기 위해 설계했지만 빅데이터 자원이 부족해 도움을 주지 못했다. 2세대 AI 기반 시스템은 환자 맞춤형으로 환자의 질병과 그 반응의 지속적인 변화에 적응하는 역동적인 시스템이며 조기 진단 수단과 치료 반응 개선 방안까지 제공한다. 이것은 빅데이터 세트에 의존하지 않는다.

또한 2세대 디지털 알약은 전 세계 장기장애의 주요 원인 중 하나인 중증정신질환SMI 치료에서 효과를 입증했다. 기본적으로 순응도 측정이 가능한 SMI 환자를 위한 약물-기기 조합인 디지털 의학 시스템DMS은 의사와 간병인에게 환자 치료와 관련해 많은 통찰력을 제공한다.

2017년 11월 FDA는 센서를 내장한 2세대 항정신병 치료제 아리피프라졸(아빌리파이 마이사이트Abilify MyCite) 버전을 승인했다. 또한 MIT 연구원은 장출혈을 감지하는 센서를 포함한 알약을 만들었다. 그들은 삼켰을 때 장에서 탁구공 크기로 팽창하는 히드로겔로 만든 센서를 포함한 알약도 만들었다. 이 경우 위에서 바로 통과하지 않고 볼 크기의 섭취 가능한 센서가 제자리에 더 오래 남아 오랜 시간 위장을 감시할 수 있다. 필캠PillCam이라는 삼킬 수 있는 카메라는 장을 이동하면서 환자의 장 사진을 찍는다. AI는 정지 상태일 때는 이를 감지해 프레임 속도를 늦추고 움직일 때는 속도를 높여 누락한 항목이 없고 관련 없는 데이터를 수집하지 않는지 확인한다.

07

바이오 디지털 트윈

디지털 트윈은 실제 환경에서 수집한 데이터를 외삽해(자료의 범위가 한정적일 때 관측한 값을 이용해 한계점 이상의 값을 추정하는 것) 생성된 물리적 개체 또는 프로세스의 가상 복제본이다. 이러한 디지털 트윈을 사용하면 물리적 개체에 해를 끼칠 위험 없이 시뮬레이션을 실행할 수 있다. 예를 들어 공장에서 얻은 효율성 향상을 알리고 제트 엔진의 신뢰성을 보장하는 데 도움을 준다.

데이터 수집과 컴퓨터 모델링이 빠르게 발전하면서 디지털 트윈 기술을 사용하는 사례도 발전하고 있다. 그 추세의 일환으로 언젠가 '생물학적' 디지털 트윈을 서비스하기 위한 개발도 진행 중이다.

디지털 발전의 최첨단을 나타내는 이것은 매우 흥미로운 내용이다. 가까운 미래에는 무인차량을 배치하거나 우주로 가기 위해 탑승하는 것보다 훨씬 더 많은 일을 해내는 디지털 플랫폼이 있을 것이다. 그중 하나로 바이오 디지털 트윈이 질병이 발병하는 것을 예방하고 건강을 증진하는 데 도움을 주는 날이 다가오고 있다.

일본 통신 대기업 NTT 그룹이 2019년 7월 미국에 설립한 NTT 리서치NTT Research는 최고의 과학자와 연구원을 모아 양자물리학, 의료정보학, 암호학의 한계를 뛰어넘었다. 한마디로 NTT 리서치는 혁명이 싹트는 한복판에 서 있다. 인간의 심장을 위해 바이오 디지털 트윈이 가능한 컴퓨터 모델을 개발하고자 NTT 리서치를 이끄는 주인공들은 조 알렉산더Joe Alexander 박사와 존 피터슨Jon Peterson 박사다.

삼각 측량 심부전

오늘날 제트 여객기 엔진은 치명적으로 고장 나는 경우가 거의 없다. 이는 엔지니어가 디지털 트윈에 제공하는 서비스 중 센서가 데이터를 꾸준히 수집하기 때문이다. 덕분에 엔지니어가 엔진 고장의 힌트를 삼각 측량하고 사전에 문제를 해결하도록 수년에 걸쳐 계산 모델이 완벽해졌다.

NTT 리서치는 인간의 심장, 순환, 심혈관 조절 시스템의 원활한 기능과 관련해 이와 유사한 것을 달성하기 시작했다. 그 당면 과제는 결코 작은 것이 아니다. 알렉산더 박사는 "심혈관 제어 시스템은 제트 엔진보다 훨씬 더 복잡하다"며 이렇게 말했다.

"우리는 우리가 아는 제트 엔진 작동 방식보다 더 많은 리소스와 지능을 필요로 한다는 도전에 직면해 있다."

심혈관 질환은 전 세계적으로 주요 사망 원인이며 인간의 심장은 바이오 디지털 트윈을 추구하기에 꽤나 논리적인 장소다. NTT 리서치는 2가지 야심찬 일에서 정부와 민간 심혈관 연구기관의 글로벌 협력을 주도하기 위해 한 걸음 더 나아갔다.

하나는 미세 유체 수준에서 심장이 어떻게 기능하는지 그 데이터를 실시간으로 수집하는 나노 센서를 완성하는 일이다. 이것은 정확한 입력과 출력의 판독 값을 제공하는 소수의 특수 세포에 사람의 줄기세포를 접종하는 것을 포함한다. 다른 하나는 인간의 심장과 순환계의 컴퓨터 모델링 발전이다. 특히 문제가 발생했을 때 시스템이 작동하는 방식과 특정 치료법을 도입할 경우 시스템이 반응하는 방식이 필요하다.

실제로 피터슨 박사는 우리가 인간 심장의 매우 단순한 모델로 시작할 수 있다고 말했다. 그렇지만 심장이 제 기능을 하지 못하는 원인이 될 수 있는 변수의 조합은 끝없이 많다. 이것은 거대한 컴퓨터 모델링 퍼즐로 해석할 수 있다. NTT 리서치는 이 퍼즐을 맞추기 위해 '의사가 급성심근경색이나 급성심부전으로 고통받는 사람을 치료할 때'라는 구체적이고 중요한 시나리오를 다루는 모델을 구축하기 시작했다.

이 경우 환자의 디지털 트윈을 사용해 약물 치료를 시뮬레이션할 수 있다. 연구원의 구체적인 목표는 응급 상황에서 어떤 약물 치료가 가장 효과적인지 결정하는 프로세스를 자동화하는 바이오 디지털 트윈을 설계하는 것이다. 알렉산더 박사는 다음과 같이 말했다.

"우리는 이제 막 시작했고 앞으로 해야 할 일이 많다. 우리는 아마도 8~10년 내에 시작하기 위해 국립 심혈관 센터에서 사람들에 관해 약간의 개념 증명 연구를 수행해야 할 것이다."

획기적인 플랫폼

NTT 리서치의 의료와 보건 정보 연구소Medical & Health Informatics Lab 소장인 알렉산더 박사는 NTT 리서치의 바이오 디지털 트윈 프로젝트를 이끄는 선임 과학자로 피터슨을 영입했다고 한다. 피터슨은 하드웨어와 소프트웨어 모두에서 심혈관 의료기기 설계와 개선에 관한 배경 지식을 갖춘 생물의학 엔지니어다.

피터슨 박사의 사명은 엔지니어링 관점에서 전산 유체역학 접근 방식의 획기적인 대안을 개발하는 일이다. 급성심부전을 안정적으로 완화할 수 있는 이들의 생물학적 디지털 트윈은 펌프와 밸브 메커니즘이 최대 기울기로 작동하도록 설계한 다른 어떤 플랫폼과도 비교할 수 없다. 피터슨 박사의 설명을 들어보자.

"우리 일의 가장 흥미로운 점은 우리가 상대적으로 단순한 시스템이지만 매우 복잡한 생리학적 시스템 맥락에서 기능하는 기계적 시스템을 다루고 있다는 점이다. 이는 기계적 토대 위에서 놀라울 정도로 단순하지만 앞으로 나아갈 수 있는 매력적인 방법이다."

NTT 리서치는 2030년대까지 바이오 디지털 트윈을 제공하기 위한 벤치마크를 달성하고자 집중 연구와 광범위한 테스트를 지원하고 있다. 그러한 프로토타입은 현대 의학뿐 아니라 기술 전반에 거대한 도약을 유발한다. 또한 충실도 높은 인공지능과 생리학 기반 계산 모델을 다음 단계로 끌어올린다. 나아가 이것은 NTT 리서치가 물리·정보학 연구소와 암호화·정보 보안 연구소에서 거의 같은 기간에 착수한 기본 연구가 파생할 것으로 예상하는 양자컴퓨팅이나 고급 암호 발전과 맞물릴 전망이다.

어쨌든 심부전 치료에서 바이오 디지털 트윈을 달성하면 훨씬 더 많은 기회의 문이 열릴 것이다. 알렉산더 박사는 이렇게 말한다.

"급성심근경색이나 급성심부전과 관련해 상당히 구체적인 목표가 있다. 심장 질병을 치료할 때는 일반적으로 폐와 신장 시스템을 작동해야 하고 신경도 제어해야 한다. 특히 이러한 급성 질환을 치료할 경우 4~5일 입원해야 한다. 이런 이유로 우리는 최대 4~5일까지 다양한 시간 척도를 다루는 모델을 구축하고 있다. 일단 급성 질환을 해결하면 만성 질환으로 이동하고 만성 질환을 해결한 다음에는 웰빙으로 이동한다."

이 기술 혁신은 분명 혁신적 잠재력을 보유하고 있다. 사실 인간 생리학의 다른 결함에 영향을 줄 수 있는 바이오 디지털 트윈을 상상하는 것은 어렵지 않다. 그들은 언젠가 당뇨병, 자폐증, 알츠하이머병을 제거하는 데 도움을 줄 것이다. 물론 여기에는 개인정보 데이터를 보호하고 네트워크 보안을 꾸준히 업그레이드해야 한다는 조건이 필요하다.

08

인공지능으로 유방암 검진을 개선한다

기계학습으로 암 검진을 개선하고 지원하는 응용과학 회사 케이론 메디컬 테크놀로지스Kheiron Medical Technologies(이하 케이론)는 북미 방사선학회RSNA의 협력을 받아 유방암 검진에 큰 영향을 미칠 2가지 새로운 인공지능 기술을 출시했다. 이 새로운 발전은 인공지능을 기반으로 2가지 중요한 단계를 포함해 전체 유방암 검진 경로를 바꿔놓았다.

그 2가지 단계는 여성이 유방 조영술 검사 일정을 잡도록 권유받았을 때, 이미지 획득과 감사 프로세스 중일 때를 말한다.

또한 이 회사는 새로운 종양학 분야에서 AI를 사용하기 위해 스탠퍼드대학교와 협력하고 있다. 그들의 작업은 먼저 비호지킨림프종NHL과 관련된 임상문제 해결에 사용할 기능적 개념 증명 딥러닝 모델을 설계하는 데 중점을 두고 있다.

카플란Kaplan 프로젝트라고 불리는 이 새로운 협업은 림프종 환자의 양전자방출 컴퓨터 단층촬영검사FDG-PET/CT 이미지에 케이론의 딥러닝 기술을 적용한다. 그 목표는 방사선 전문의의 효율성과 정확성을 개선하는 데 있다.

케이론의 CEO 피터 케스케메티Peter Kecskemethy는 다음과 같이 말한다.

"이 획기적인 프로젝트는 전체 환자 경로에 걸쳐 암 진단을 변환하기 위한 AI 기반의 새로운 장이다. 딥러닝 기술과 스탠퍼드대학교 같은 학술 연구기관의 임상 전문성을 결합하면 완전히 새로운 범주의 AI 진단을 개발할 수 있고 이는 궁극적으로 환자의 결과를 향상시킬 것이다."

또한 케이론은 위험에 처한 여성을 위해 유방 검진 프로그램 일정을 최적화하는 AI 지원 도구 RSViP를 출시했다. 초기 연구에 따르면 이 도구는 선별 검사를 위해 고위험 여성을 성공적으로 식별했는데 이는 조기 발견으로 생존율을 높이고 치료비용을 낮출 수 있다. 케스케메티는 "임상 연구에 따르면 유방암 진단을 지연할 경우 암 전이 위험, 생존율 감소, 치료비용 증가 등 더 나쁜 결과가 나타날 수 있다"라고 말했다.

"케이론에서 유방 검진 커뮤니티에 RSViP를 도입하는 목적은 AI를 활용해 이전 유방 X선 촬영을 토대로 유방 X선 촬영을 우선적으로 예약해야 하는 여성을 식별해 먼저 혜택을 받도록 도움을 주는 데 있다."

RSViP는 AI가 감지한 의심 병변 신호를 기반으로 각각의 사례를 평가하기 전에 각 여성의 사전 검사 이미지를 분석한다. 그런 다음 스케줄러가 가장 위험한 여성을 위해 약속을 예약하는 데 사용하도록 실행 가능한 목록을 생성한다. 이때 사전 검사 이미지를 분석하는 머신러닝의 통찰력은 유방암 발병 가능성까지 알려준다.

한편 케이론은 미국에서 새로운 'Mia IQ' 소프트웨어 장치를 도입하겠다고 발표했다. 이 장치는 유방 검진 제공자가 이미지 품질, 교육, 감사 준비를 개선하는 데 도움을 준다. 또한 이 장치는 인공지능과 머신러닝을 기반으로 실행하기 때문에 유방 조영술을 소급 검토해 유방암 감지에 중요한 유방 위치와 압박의 잠재적 불일치를 식별할 수 있다.

케스케메티는 다음과 같이 설명했다.

"케이론의 목표는 인공지능과 딥러닝으로 유방 검진 커뮤니티를 강화해 암을 조기 발견하는 과정을 개선하는 데 있다. 유방 조영술 중 유방 위치는 잠재적 악성 종양을 감지하는 일에 중요하다. Mia IQ는 이미징 전문가가 유방 조영술 이미지를 검토하고 감사에 사용할 새로운 도구를 제공함으로써 교육과 품질개선 목적을 위한 중요한 통찰력을 얻게 한다."

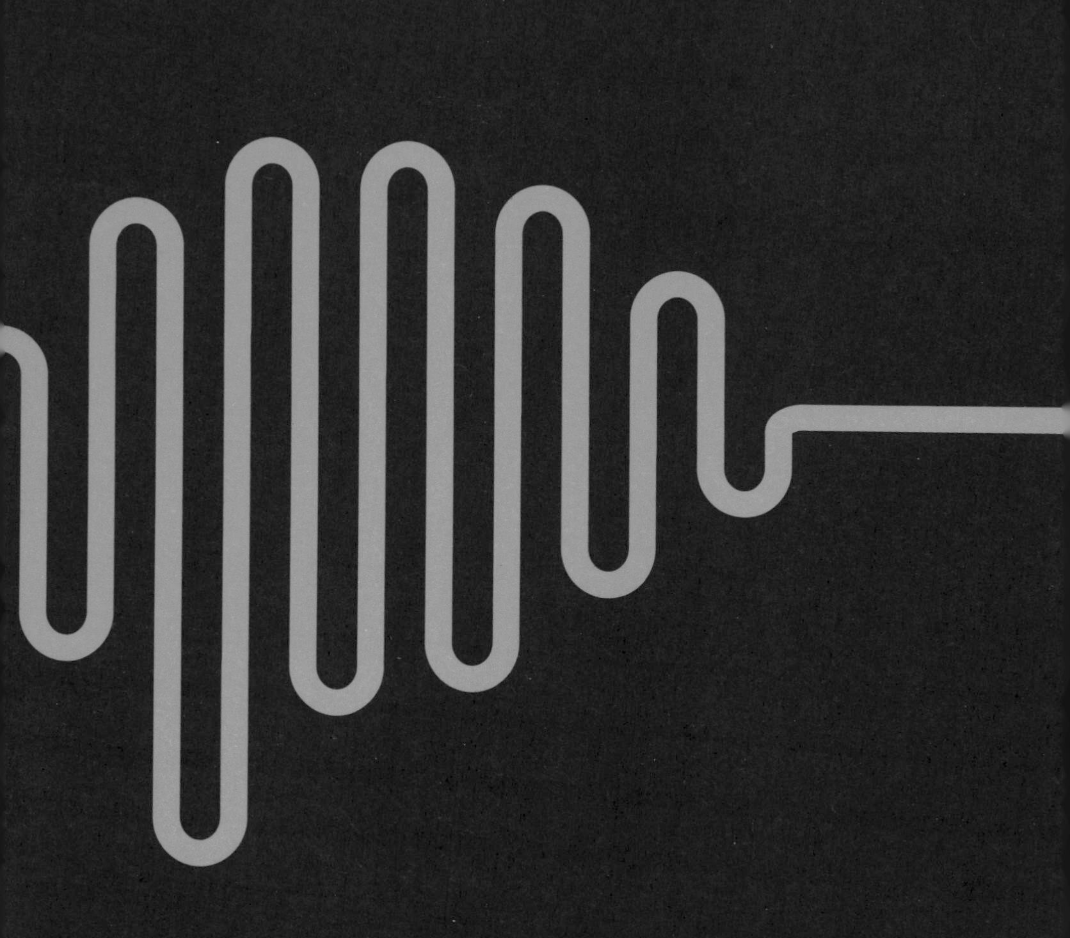

PART 7

미래의 교육과 직업

01

팬데믹 이후 원격교육이 본격화한다

코로나-19의 영향으로 대학 교육이 강제로 온라인 강의로 전환되자 각 대학은 등록금을 70~80%나 삭감하면서 학생들을 붙잡으려 안간힘을 쓰고 있다. 그러나 시간이 흐를수록 하버드, 예일, 스탠퍼드 등 상징적인 일류대학을 제외한 중간 정도 실력의 표준학위 판매 대학은 붕괴할 수밖에 없다. 미국의 대학은 약 4,200개인데 그중 4,000개는 문을 닫을 전망이다.

세계 최고의 명성을 자랑하는 교수나 노벨상 수상자들을 모셔와 수백, 수천 명을 상대로 강좌를 개설하는 온라인 대학과 거의 무료인 무크MOOC(온라인 공개수업) 대학들의 영향으로 이들은 공룡 유통기업이 파산하듯 무너져 내린다.

인구 소멸로 대학입학률 하락세로 치닫는다

사실 대학입학률은 코로나-19 발생 이전에 이미 하락 추세에 있었다. 블룸버그가 보고한 대로 하버드는 벌써 4억 1,500만 달러나 수입이 감소했고 다음 학년도에는 또 다른 7억 1,500만 달러 감소를 예상한다고 한다. 내셔널 스튜던트 클리어링하우스 리서치 센터National Student Clearinghouse Research Center의 2019년 가을학기 등록 추정 보고서에 따르면 2018년 말 미국 총대학생 등록 수는 1,800만 명 미만으로 2011년의 정점에 비해 200만 명 이상 감소했다. 지난 8년 동안 전국적인 등록은 공립주립학교, 커뮤니티칼리지, 사립대학교 등 모든 부문에서 약 11% 감소했다.

〈비즈니스 인사이더Business Insider〉가 보도했듯 고등연구기관 심슨스카보로SimpsonScarborough가 2021년 4월 실시한 설문조사에 따르면 고등학생의 10%가 4년제 대학에 진학하지 않을 것이라고 밝혔다. 그 세부 내용을 살펴보면 추가로 불균형이 드러난다. 소수민족 고등학생의 41%가 대학에 진학하지 않을 가능성이 크거나 "아직 뭐라 말하기에 너무 이르다"고 답했는데, 이는 백인 고등학생이 24%만 대학에 가지 않을 것이라고 말한 것과 비교가 된다.

기술 업계에는 스티브 잡스, 빌 게이츠, 마이클 델, 마크 저커버그 같이 대학을 중퇴했지만 여전히 주목할 만한 성공을 거둔 몇몇 유명한 리더의 사례가 있다. 기술기업 경영자 외에 오프라 윈프리, 홀 푸드의 CEO 존 맥키, 랄프 로렌, 볼프강 퍽도 그러한 사례에 속한다.

퍽은 열네 살에 학교를 그만두고 호텔에서 요리 견습생으로 일했다.

이들은 산업 전반에서 상당히 성공적인 리더에 속하며 대학학위가 없다는 것은 더 이상 경제적 기회가 높은 직책으로 가는 데 걸림돌이 아니다. IT 인증 과정과 관련된 구글의 보고서에 따르면 61%는 4년제 학위가 없는데 일반적으로 6개월 이내에 프로그램을 완료하고 평균 연봉 54,760달러를 받는다.

특히 한국은 인구절벽, 인구소멸로 초중등학교와 대학교 입학률이 급강하하고 있다.

온라인 수업, 비싼 수업료에 반대하는 대학생 시위 격화

코로나-19 이후 학생 수백만 명이 값비싼 금액을 대학교 학비로 지불하는 것에 의문을 보이고 있다. 온라인 줌에 나오는 강사를 보기 위해 연간 수천만 원을 기꺼이 지불하려 하지 않는 것이다. 사실 학비는 이미 붕괴하고 있다.

새로운 데이터에 따르면 2021년 가을 '온라인 전용'을 재개한 대학들은 수업료를 평균 9,000달러 삭감했다. 수업료 수만 달러를 절약하기 위해 온라인 학습을 선택하는 대학생은 수백만 명이 넘을 듯하다. 이들은 교수를 직접 보지 않는 값싼 온라인 교육을 선호한다.

예일, 캠브리지, 조지타운, NYU를 포함해 세계 최고의 대학 73곳이 온라인 수업을 운영한다. 특히 2U 또는 코세라Coursera 같은 온라인 무크가 나와 상황을 더욱 교란하고 있는데 이들은 곧 자체 학위 과정을 제공할 예정이다. 예를 들면 세계 최고 수준의 교수를 고용해 연간 20만 달러짜리 온라인 강좌를 만들 수 있다. 각 교수는 학년당 학생 250명을 가르칠 수 있고 이는 학생당 약 800달러다. 온라인 코스에서는 각 학생에게 1년에 3,000달러(연간 300만 원)만 청구해도 대학 운영이 가능하다.

이 과정으로 수억을 지불하는 일반 대학과 동일한 자격을 얻지만 학비는 70~80% 줄어든다. 현재 미국의 모든 주에는 몇 개의 큰 대학교와 수십 개의 작은 대학교가 있는데 그들은 본질상 동일한 자료를 약간 다른 방식으로 가르치고 있다.

결국 온라인 교란자, 즉 온라인 학위 과정과 유사한 4,000개의 '중간 정도' 미국 대학은 곧 망할 것으로 예상한다. 하버드, 예일, 스탠퍼드 같은 최고의 학교는 엄청난 수업료를 받지만 엘리트 학생들을 끌어들여 코로나-19 상황에서도 살아남을 것이다. 반면 수업료 수만 달러에 '표준' 학위를 판매하는 수천 개 대학은 붕괴될 수밖에 없다.

홈스쿨링으로 창업하는 아이들 등장에 준비할 것

모든 정부는 똑똑한 국민의 요구로 사회보장과 사회복지 예산을 늘리고 있다. 그런데 정부 예산의 상당 부분이 복지로 흘러가면서 복지 예산이 70~80%로 높아진 북유럽이나 선진국에서도 대학 지원을 줄였다. 결국 정부 지원만 바라보는 해바라기 대학은 줄어들 수밖에 없다.

대신 온라인 수업과 홈스쿨링이 늘어나는데 매일 사회적 변화를 체득하는 이들은 더는 졸업장이 필요 없는 사회로 일찍 나와 창업을 하거나 사업을 시작한다. 가령 미국의 초등학생들은 중학교에 가는 것보다 부모님의 차고에서 창업하는 것을 희망한다.

그러한 창업이 수많은 기술기업을 만들어냈다. 이제 대학에서 4년을 보내는 것은 국가적 낭비로 여겨지는 세상이 되었다. 학령인구 감소로 폐교하는 초중등학교가 늘어나고 대학에 입학하는 학생은 계속 줄어들고 있다. 동시에 원격교실, 무크, 원격대학을 다니거나 나노디그리Nanodegree(미국에서 기업의 요구에 맞춰 6개월 내외로 제공하는 온라인 공개강좌 학습 과정)를 선택하는 아이들이 늘어나고 있다.

대학교에 직접 다니기보다 온라인 대학에 다니거나 무크 등 글로벌 대학 강좌로 실력을 쌓고, 스스로 물건을 만들고, 스스로 팀을 구성해 메이커가 되는 아이는 계속 늘어날 전망이다. 심지어 대학교에 다니던 학생들도 메이커스페이스나 다른 창업팀에 들어가면서 대학을 떠난다.

기본소득을 제공하는 2025년에는 기본소득이 기본 생활을 보장하므로 내키지 않는 대학 진학을 포기하는 아이가 늘어난다. 이들은 자신에게 의미 있는 일을 하거나, 그룹으로 모여 창업을 하거나, 자원봉사활동을 떠난다.

대학졸업장이 필요 없는 기본소득 시대가 오면 대학에 진학하는 아이들이 급감한다. 한국에서도 기본소득이 생계를 해결해 줄 경우 아이들은 학교에 가는 게 아니라 자신이 하고 싶은 일이나 삶의 의미를 느끼게 해주는 일을 한다. 반드시 직장이 있어야 먹고살 돈을 벌 수 있는 것이 아니니 말이다.

고령인구 증가로 대학을 평생학원으로 만들어야 한다. 2025년이면 한국은 출산율 급감에다 세계 최저출산율로 초중등학교가 폐교하는 것은 물론 대학도 50개가 문을 닫을 예정이다. 2040년에는 400여 개 대학 중 절반이 문을 닫을 위기에 처한다. 이에 따라 대학의 목표는 학령인구 교육이 아니라 50대 이후 고령인구에게 평생교육을 제공하는 것으로 바뀐다.

대학교 학생은 대부분 고령인구나 장년인구로 채워지는데 그 이유는 고령이나 장년 인구가 한국에서 새로운 것을 배우고 싶어 하거나 기본소득에서 교육비가 나오기 때문이다. 이와 달리 글로벌을 지향하는 젊은이들은 해외유학을 가거나 해외기업의 인턴으로 나간다.

지금은 원격수업을 어떻게 더 좋은 방법으로 효율성 있게 가르칠 것인지 연구해야 한다. 이미 학교수업은 다양한 원격수업을 반영하고 있고 칸아카데미에서는 학생 5천 명이 공부하고 있다. 대한민국 인구에 버금가는 대규모 학생이 참여하는 이러한 온라인 수업을 들여와 한국 온라인 수업의 질을 높여야 한다.

교육 시스템 변화

대학은 1300년대에 처음 설립되었고 당시 학생들을 가르친 사람은 대부분 성직자였다. 그런데 모든 분야가 세월과 함께 재빨리 바뀌는 와중에도 교육만은 전혀 변하지 않았다. 이제야 겨우 서서히 바뀌고 있는 실정이다.

사실상 자신의 일자리를 챙겨야 하는 교사와 교수가 변하거나 사라지면 교육은 거대한 변화를 이룰 수 있다. 교육의 변화가 가장 늦은 이유는 엄청난 숫자의 그들에게 월급을 챙겨줘야 하는 교육 시스템 때문이다.

1800년대 말 마차협회, 마차제조협회, 마부협회, 말똥수거협회, 죽은말수거협회 등이 5~6년간 자동차 공장을 부쉈지만 1900년 부활절에 딱 한 대의 자동차가 수많은 마차 사이에 끼어 뉴욕 5번가에 등장했다. 그리고 13년 뒤인 1913년 부활절에는 마지막 마차 한 대가 수많은 자동차 사이에 끼어 뉴욕 5번가를 지나가는 사진이 세상의 주목을 받았다.

이처럼 엄청난 반대에도 불구하고 자동차 시대는 왔고 엄청난 교사와 교수의 반대가 있어도 결국 인공지능 교사 시대는 오고야 말 것이다. 더구나 일론 머스크의 뉴럴링크는 드디어 100년 만에 두뇌에 칩을 넣어 지식을 전수하는 기술 개발에 성공했다.

AI 로봇교사

지금은 AI 로봇교사가 많이 등장하고 있고 싱귤러리티 넷(세계 최초의 협동 AI 탈중앙화 플랫폼) 등에서 소피아 영어교사 로봇도 나왔다. 아인슈타인 AI 로봇교사는 코딩, STEM 교육, 인공지능 언어 그리고 뇌 발달 브레인 게임으로 치매 예방을 돕는 게임을 가르친다.

특히 여러 뇌 기능 장애가 있지만 기억, 암기, 퍼즐, 음악 등 특정 부분에서 뛰어난 재능을 발휘하는 서번트 증후군 아이들을 위한 로봇도 나왔다. 가령 상식 학습이 가능하고 인간처럼 글을 쓰는 로봇, 그림을 그리는 로봇, 온갖 음악 기기를 연주하는 로봇이 있다.

신문기사를 인간보다 더 정확하게 쓰는 로봇이 등장할 정도라 이제는 교사보다 AI 로봇에게 지식을 전수하고 교사에게는 협동, 협업, 동업 등을 배우게 하는 역할 분담이 필요해 보인다.

2021년 가장 인상적인 알고리즘 중 하나는 GPT-3로 오픈AI OpenAI에서 만든 이것은 경이롭게도 인간과 비슷한 언어를 사용한다. GPT-3는 "지금까지 생산한 것 중에서 가장 흥미롭고 중요한 AI 시스템"이라 불리는 3세대 알고리즘으로 인간이 한눈에 기계의 해독이라 보기 어려울 만큼 '자연스러운' 글쓰기를 생성한다.

그러나 GPT-3의 언어 능력을 자세히 살펴보면 '지능'의 얇은 베일에 불과하다. 인간의 언어를 교육받았지만 현실세계에서 의미하는 바를 전혀 이해하지 못한 채 일상 문구의 복잡함과 한계에 갇혀 있는 상황이다. 이것은 직접 생활하는 대신 어번 딕셔너리Urban Dictionary(신조어나 유행어를 실시간 반영하는 온라인 사전)에서 속어를 배우는 것과 비슷하다. AI는 모든 상황에서 '비'를 고양이나 개와 연관 짓는 방법을 배우는 것은 물론 대규모 폭우를 설명하는 일반적인 언어에서 추론을 얻을 수도 있다.

GPT-3 또는 자연어를 생성하는 AI를 더 똑똑하게 만드는 한 가지 방법은 컴퓨터 비전과 결합하는 것이다. 볼 수 있도록 언어 모델을 가르치는 것은 AI 연구에서 점점 인기를 얻고 있는 분야다. 이 기술은 언어의 강점과 이미지를 결합하는데 GPT-3를 포함한 AI 언어 모델은 '비지도 학습'이라는 프로세스로 학습한다. 즉, 명시적 라벨 없이 데이터의 패턴을 파싱할 수 있다. 다시 말해 문법 규칙이나 단어가 서로 어떻게 관련되어 있는지 알려주는 사람이 필요치 않아 수많은 예제 텍스트로 AI를 폭격해 학습 범위를 쉽게 확장할 수 있다.

이와 달리 이미지 모델은 실제 현실을 더 잘 반영하지만 수동 레이블링이 필요하므로 프로세스가 더 느리고 지루하다.

이 2가지를 결합하면 두 세계의 장점을 모두 얻을 수 있다. 세상을 '볼' 수 있는 로봇은 언어만으로는 분석하지 못하는 일종의 물리적 특성과 상식을 포착한다. 2020년 한 연구는 2가지 접근 방식을 현명하게 결합했는데 그들은 GPT-3의 내부 작업을 기반으로 이미지 캡션을 작성하는 확장 가능한 접근 방식의 언어로 시작했다. 요점은 연구팀이 이미지로 표현하는 물리적 세계를 우리가 세계를 설명하는 언어와 연결해 결합할 수 있다는 것이다.

인간 교사의 역할

한국에서는 이미 30만 명의 출산 벽이 무너지고 2020년부터 인구 자연감소가 일어났다. 결국 일자리 창출을 위해 교사는 크게 줄이지 못하고 학생만 급감하는 상황에서 2025년 이후 학령인구가 크게 줄어 학생 한 명에게 교사 5~6명을 배치하는 역전 현상이 일어날 전망이다. 즉, 학생 10명에게 교사 한 명을 배치하다가 2030년이면 학생 한 명당 교사 4~5명을 배치하는 일이 벌어진다.

그럼 인공지능 교사가 등장하는 상황에서 인간 교사는 어떤 역할을 할까? 인공지능 교사는 지식을 전수하고 인간 교사는 아이들의 감성, 팀워크, 협동심, 사람을 다루는 스킬, 나누는 삶 등을 가르친다. 그리고 인간 교사는 멘토, 조력자, 헬퍼, 가이드, 협업동업자 등의 역할을 한다.

모든 학생이 AI 프로그래밍이나 언어를 배울 필요는 없다고 본다. 특히 수학을 싫어한다면 더욱더 그렇다. AI는 프로그래머나 전문가가 될 아이들과 AI로 다양한 기능을 배우고 그것을 활용해 다른 기능을 더 만드는 AI 실용과목을 공부할 아이들로 나눠야 한다. 어쨌든 모든 학생이 AI 로봇에 익숙해지는 것이 좋으므로 항상 AI 로봇이나 시리, 알렉사 같은 음성비서들과 소통을 잘하는 아이로 키우는 것이 좋다.

일론 머스크의 말처럼 뉴럴링크는 두뇌에 칩을 넣어 뇌와 컴퓨터를 연결하는데 2022년부터 일반인도 링크The Link, 즉 뉴럴링크의 링크라는 칩을 넣도록 FDA가 승인을 한다. 이미 FDA는 동물실험과 뇌기능저하, 즉 치매와 간질환자에게 칩을 넣는 실험을 승인했다.

만약 인간의 지능 향상을 위해 뇌컴퓨터 연결을 시도하는 시점이 오면 두뇌와 슈퍼컴퓨터의 연결로 링크가 지식 정보 전수를 해결한다. 인공지능 역사는 60년이고 BCI 뇌컴퓨터 연결 역사는 100년이다. 인간의 두뇌와 컴퓨터를 연결할 경우 공부의 의미는 크게 변할 수밖에 없다.

02

미래 직업과 산업

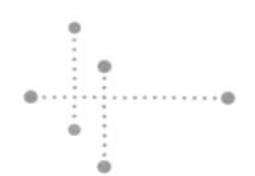

돌이켜보면 거의 모든 세대에서 혁신이 고용 시장과 고용 동향에 영향을 미쳤음을 알 수 있다. 새로운 기술이 인간 노동자를 대체하지만 다행히 신기술이 새로운 직업과 직업 범주의 창출을 촉진한다는 것은 뉴스거리도 아니다. 구식이 되거나 감소한 직업 목록은 거의 향수를 불러일으키는 교환원, 여행사 직원, 사서다. 그리고 앞으로 20년 뒤 우리는 우편배달부, 택시운전사, 승무원, 은행 직원 같은 사람들과의 이전 상호작용을 즐겁게 회상할지도 모른다.

사실 고용 시장은 사회의 우선순위와 기술 동향을 보여주는 훌륭한 지표다. 우리가 현 시점에서 선택한 모든 미래 주제를 탐구하고 그것을 둘러싼 새로운 직업을 상상하는 것은 그리 어렵지 않다. 많은 사람이 블록체인, 암호화폐, 메타버스, 자율주행 운송, 기타 IT 혁신을 실현하고 일상생활에 도입하기 위해 노력하기 때문에 새로운 직업과 직업 범주는 상당히 기술적이다. 우리는 이러한 기술 혁신을 직접 지원하거나 여기에 대응할 15개 산업에서 기술 관련 신규 일자리 57개를 확인했다.

그것을 살펴보기 전에 우리는 먼저 기술 혁신이 단순한 기술 일자리 그 이상으로 이어질 것이라는 점을 인식해야 한다. 예를 들어 노인 서비스를 생각해 보자. 의료 기술은 코로나-19를 넘어 노인의 기대수명을 연장하고 있다. 이 추세는 65세에 은퇴한 뒤 20년 이상 살아갈 은퇴자들을 위한 개인 관리 서비스가 중요한 수요로 부상하리라는 것을 보여준다.

우리의 일상생활을 지원하는 기술이 늘어날수록 일반화 혹은 유형화한 서비스가 아니라 개인화한 서비스 수요가 증가할 것이다. 따라서 기술의 도전은 TV 리모컨이나 온도조절 장치를 프로그래밍하는 수준에서 벗어나 더욱 복잡해질 전망이다. 그 해결책이 뭐냐고? 바로 개인 IT 도우미와 일반 IT 헬프 데스크다. 이건 마치 AMAC(항공기 감시와 통제)와 AARP(미국 은퇴자협회)를 위한 임무처럼 들린다!

비록 기술이 변화하고 특정 직업에서 업그레이드도 발생하지만 반드시 직업을 없애는 건 아니라는 점에 주목해야 한다. 가령 건설 노동자와 자동차 정비사는 본래 스페셜리스트가 아니라 제너럴리스트였다. 그러나 새로운 기술 기반 도구와 그 도구를 다루는 교육이 필요해지면서 이들 블루칼라 직업의 전문화가 증가할 전망이다. 전문화는 이들 근로자의 노동 영향력과 시장 가치, 보상을 높인다.

기술과 기타 도구가 발전을 견인하는 또 다른 직업 범주도 있다. 직업은 동일하지만 작업은 그렇지 않다. 예를 들어 건물의 벽을 쌓는 것은 미래 직업인가? 더 이상 당신이 생각하는 것만큼은 아니다. 이러한 노동자들은 이제 일반적인 상업용 건설 현장이나 주거용 주택 시장에서 볼 수 없다. 대신 축소한 특수 장비, 기타 장비가 이들을 대체한다. 장비 덕분에 트럭에서 벽 근처로 무거운 벽돌을 옮기거나 삽을 사용하는 사람도 볼 수 없다.

또한 소매업에 종사하는 미국인 약 3,200만 명의 미래는 그리 밝지 않다. 소비자의 수요는 사라지지 않지만 소매업체가 그 수요를 충족하고자 선택하는 방법은 효율성을 주도하는 기술 혁신으로 계속 진화한다.

전자상거래와 매장 내 자동화 추세는 전통 고객 대면 작업이 줄어들 것임을 의미한다. 이들 중 일부는 그 플랫폼을 관리하고 시스템을 서비스하는 새로운 작업에 투입된다. 차세대 블루칼라 직업과 마찬가지로 이 전문 직책에는 IT 교육 수준의 전문 기술이 필요하다. 결국 일반적으로 기술이 많이 필요한 공장 노동자를 로봇으로 대체하듯 우리는 소매업 노동자도 더 이상 보기 어렵다.

이제 우리는 다른 차원에서 새로운 기술을 기반으로 구축한 완전히 새로운 산업 내의 새로운 직업을 보게 된다. 그것은 20년 전만 해도 상상도 할 수 없던 직업이다. 가령 똑똑한 사람들은 새로운 돌파구와 새로운 버전의 혁신을 만들어내는 수준 높은 컴퓨터공학 쪽 일자리를 찾는다. 하지만 그와 동시에 그 돌파구로 가능하고 필요한 파생 작업과 일부 덜 분명한 직위를 정의하고 채울 필요가 있다.

다음은 미래 직업의 샘플이다. 일부는 이미 친숙하고 그럴듯하게 들릴 수 있다. 다른 직업도 몇 년 만에 우리 곁에 다가올 것이다. 여기에 다른 것을 조합하거나 목록에 100개 이상 추가하는 것은 비교적 쉬운 일이다.

메타버스 일자리

1. 메타버스 월드 디자이너
2. 아바타 디자이너
3. Metaverse Storefront 제작자, 개발자, 운영자
4. 메타버스 법 집행
5. DAO 변호사

암호화폐

6. 암호화 코치와 고문
7. 암호화 모기지 전문가
8. 탈중앙화 관리자

미래 엔터테인먼트

9. 로봇 성격 엔지니어
10. 매크로 VR 프로젝션 아티스트
11. 엔터테인먼트 트렌드 분석기

상업용 드론 산업

12. 스웜봇 엔지니어
13. 스웜봇 엔터테이너
14. 드론 커맨드 센터 운영자

스마트 시티

15. 곤충, 설치류, 뱀 감시자
16. 소음 분석기
17. 경찰 드론 오퍼레이터

보건 의료

18. 기억상실 외과의사-나쁜 기억이나 파괴적인 행동을 제거하는 데 능숙한 의사
19. 기억증강 치료사-엔터테인먼트는 훌륭한 추억을 만들어낸다. 더 나은 등급의 기억을 만드는 것도 우리가 누구인지 극적으로 바꿔놓고 전혀 새로운 부류의 인간을 위한 길을 열어준다.
20. 디지털 임플란트 설계자
21. 유전적 문제 해결사
22. 신체 부품 제작자
23. AI 건강 관리자

디지털 트윈

24. 센서 엔지니어

25. 원격 작업 디자이너

26. 디지털 트윈 커맨드 센터

빅데이터

27. 개인정보 보호 전략가

28. 개인 데이터 관리자, 기록 보관소와 보호자

29. 블록체인 디자이너

30. 취약점 분석가

3D 프린트 주택

31. 3D 인쇄 건축가, 디자이너, 엔지니어

32. 제작 엔지니어

33. 현장 준비와 계획 담당자

자율차 자율 운송

34. 미래 고속도로 건축가와 디자이너

35. 트래픽 분석기

36. 드론택시 지상 승무원

양식육 산업, 즉 배양육

37. 성장 과정 기술자

38. VAT 관리자

39. 수요 추적 계획자

미래 교육

40. AI 메모리 평가 엔지니어

41. AI Coach-Bot 디자이너

42. AI 교사-봇 개발자

미래 농업

43. 토양 분석기, 준비자와 관리자

44. 작물 기술

45. 수확기 팀 기획자와 감독자

46. 관개 관리자

상업용 우주 산업

47. 우주 기반 발전기

48. 소행성 추적기

49. 우주비행사

50. 우주여행 수행원

로봇

51. AI 기능 엔지니어

52. 로봇 분류 전문가-로봇의 분류에 따라 다른 법률을 적용받는다.

53. 운영자 인증 전문가

기타

54. 소멸 엔지니어

55. 윤리학자

56. 랜섬웨어 인질 협상가

57. 랜섬웨어 경찰

이제 초등학교와 중등학교 시스템은 기존 틀에서 벗어나야 한다. 직업학교와 대학도 마찬가지다. 각자 자신의 커리큘럼과 주요 학습 과정을 꾸준히 평가하고 수정해 미래 직업과 떠오르는 수백 가지 다른 직업에 뛰어들 준비를 해야 한다. 미래사회 연구는 우리 모두에게 필요하다.

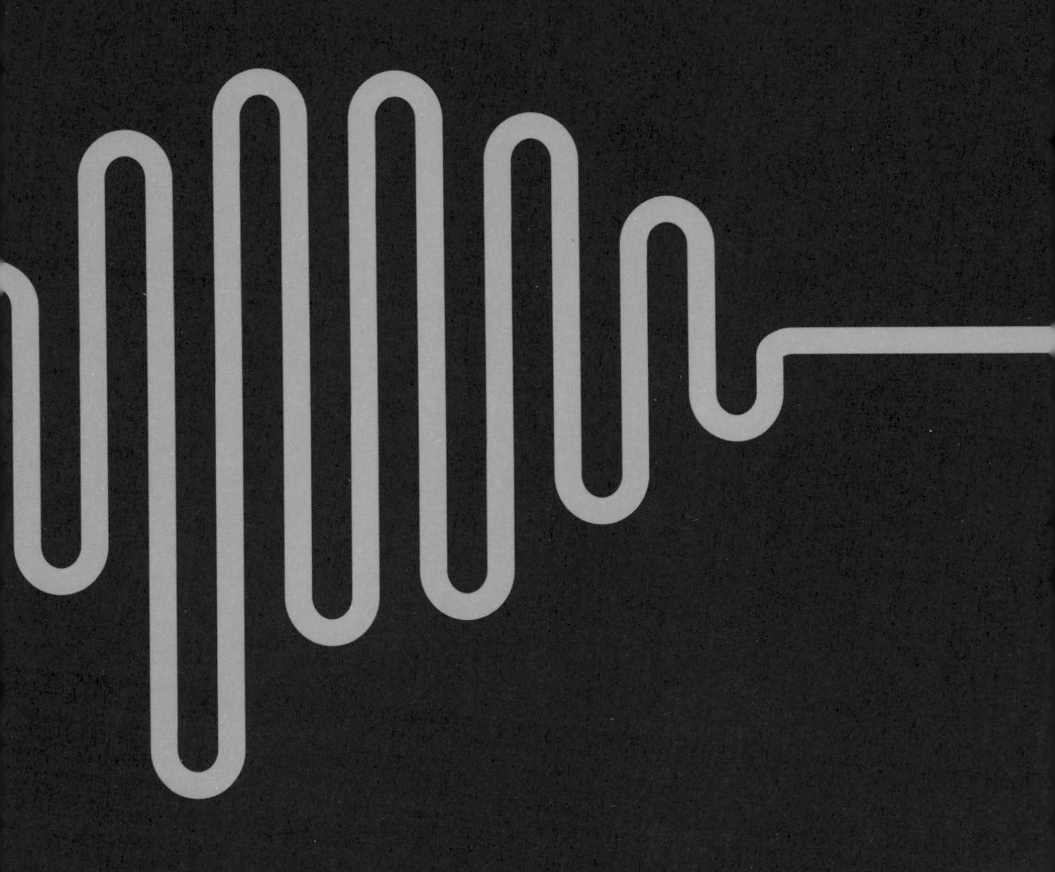

PART

8

넥스트 빅테크 트렌드

01

급부상하는 AI 테크와 산업

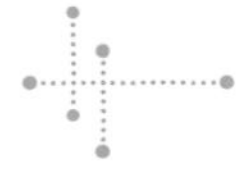

미래에 아주 중요해질 기술은 대개 R&D 연구소를 졸업하고 시장에 진입한다. 알다시피 더 많은 자율주행차가 도로를 횡단하고 증강현실 안경이 공개적으로 나타난 것이 그러했다. 그 이후에는 어떤 일이 벌어졌을까? 대표적으로 미국 정부는 독점 금지와 개인정보 보호 차원에서 빅테크를 규제했다. 그렇다면 업계의 반응은? 계속해서 메타버스를 얘기하고 심지어 메타버스를 구축했다! 나아가 웹3를 뒷받침하는 일부 기본 기술이 자리를 잡기 시작했다.

하지만 이 모든 것은 광범위한 스트로크에 불과하다. 과연 스타트업 창업자, 빅테크 임원, 벤처캐피털, 학자, 기타 전문가는 2022년을 어떻게 예측하고 있을까? 우리는 이 질문의 답을 찾기 위해 2022년과 관련해 전체 40개 이상의 예측을 수집했다. 그 내용은 우리가

2022년 말까지 이야기할 가능성이 있는 것과 관련해 현명하고도 종합적인 모습을 제공한다.

신흥 기술

Prem Natarajan, Amazon Alexa 자연 이해 담당 부사장

사전에 훈련받은 언어 모델은 개발자가 이전보다 훨씬 노력을 덜 들여 구성한 새로운 애플리케이션과 경험을 가능하게 한다. 또한 우리는 복잡한 AI 기반 응용 프로그램을 만들 때 개발자의 마찰을 줄이는 로코드low-code(코드를 직접 쓰지 않고 앱 개발)와 노코드no-code(아예 코딩이 필요하지 않은 서비스) 프레임워크를 사람들이 더 많이 트윗하고 블로깅하는 것을 보게 된다. 그다음 트렌드는 AI의 '자기 시대'로 이것은 AI의 자기 인식과 자율적인 자기학습 발전을 의미한다. 예를 들어 티칭이 가능한 AI는 애플리케이션을 최종 사용자의 특정 요구사항과 선호도에 맞춤화해서 창의적인 콘텐츠를 생성하게 한다. AI 비서가 적시에 능동적으로 제안하고 조치를 취하는 것에 놀랄 수도 있다.

Rodney Zemmel, McKinsey Digital 글로벌 리더

양자컴퓨팅은 아직 개발 초기 단계에 있지만 기술이 실질적으로 발전하고 있으며 경영진이 비즈니스 영향을 고려해야 하는 시점에

도달했다. 2022년에도 빠르게 발전하는 생태계, 투자 증가, 연구 혁신이 가속화한다. 2021년 한 해에만 양자컴퓨팅 스타트업 투자 발표가 17억 달러를 넘어섰는데 이는 2020년에 모금한 금액의 2배가 넘는다. 양자컴퓨팅 상용화가 다가오면서 2022년과 그 이후에도 민간 자금 투자가 크게 증가한다.

Guido Groet, Luxexcel 최고전략책임자

2022년에는 수많은 '혼합현실 안경' 제품이 등장한다. 많은 기업이 2022년을 자사의 첫 번째 소비자 제품 출시를 준비하며 보낸다. 2023년에는 소량 시리즈 생산을 시작하고 그다음 해에는 대량생산이 이뤄진다. 모든 AR 장치의 필수적인 구성 요소는 응용 프로그램을 개발할 수 있는 우수한 하드웨어와 소프트웨어 플랫폼이다. 물론 소비자가 개발에 뛰어드는 능력도 그만큼 중요하다. 이를 위해서는 매력적이고 편안하며 패셔너블한 제품을 먼저 선보여 관심을 유도해야 한다.

Vijay Pande, Andreessen Horowitz 총괄 파트너

인류 역사상 다음 산업혁명은 산업화한 생명공학이 차지한다. 코로나-19는 전 세계에 의료 엔지니어링의 가능성을 보여주었다. 인류가 mRNA 백신을 개발한 방법과 속도를 보라. 그렇지만 이것은 AI가 바이오 제약과 의료 전반에 걸쳐 산업화를 주도함으로써 이전에 수동적이던 것을 반복, 예측, 확장이 가능한 것으로 바꾸는 혁명의 시작에 불과하다. 생명공학을 제약과 건강을 넘어 거대한 제조, 건설, 내구재 시장으로 끌어들이는 완전한 엔드투엔드end-to-end 제품 또는 서비스를 갖춘 풀 스택full-stack 회사의 부상을 기대하시라. 그것도 기후 변화를 악화하기보다 그것과 싸우는 방식으로 말이다.

웹3와 블록체인

Shawn Carolan, Menlo Ventures 파트너

2022년에는 '블록체인과 웹3가 미래 기술에서 의미 있는 기둥인가'라는 논쟁을 공식적으로 끝낸다. 우리는 P2P 지불, 국제 송금 등을 위한 블록체인의 주류 채택과 수용, 통화 투기꾼이 아닌 보다 나은 삶을 위해 노력하는 사람들이 틈을 건너기 시작하는 일반적이고 유용한 응용 프로그램을 보게 된다.

Kit Colbert, VMware CTO

2022년에는 엔터프라이즈 블록체인이 제공하는 가치가 점점 더 명확해지고 금융서비스 산업 같은 많은 산업에서 프로덕션 배포가 강력하게 가속화한다. 또 금융서비스 산업에서 더 광범위한 엔터프라이즈 블록체인을 채택하고 공급망 사용 사례에서 금융기관이 블록체인 기술을 생산하는 것을 최초로 접한다. 나아가 주류 기업으로 진출할 분산형 금융DeFi 패러다임을 찾는다. 엔터프라이즈 토큰은 차세대 B2C 네트워크에서 지불 수단으로 등장하며 중앙은행 디지털 통화는 추진력을 얻는다.

Sri Viswanath, Atlassian CTO

향후 5년 동안 웹3.0은 애플리케이션 개발에 관한 우리의 생각을 바꿔놓는다. 웹3.0은 사용자 데이터를 소셜미디어 거물에게 넘겨주는 현재 시스템이 균열하면서 등장한다. 블록체인 기술로 구동하는 이 새로운 버전의 웹은 분산형 인터넷을 도입하고 데이터 소유권을 사용자에게 되돌려준다. 업계는 애플리케이션 개발과 개인정보 보호에 접근하는 방식을 완전히 바꾼다.

암호화폐의 다음 도약

Joanna Lambert, Yahoo 사장 겸 GM

우리는 은행, 지불, 기술 분야에서 많은 기업이 암호화폐에 대규모로 투자하는 것을 본다. 반면 다른 기업은 신용카드와 직불카드의 결합, 디지털·물리적 항목의 NFT 사용 확대로 소비자를 위한 암호 기회를 창출한다. 가상 부동산은 2022년 산업이 계속 교차하고 새로운 영역을 개척하는데 메타버스에서 발생하는 판매를 고려하면 NFT 생태계에서 더욱 일반화한다.

David Osojnik, Bitstamp CTO

개발자는 2021년 '플레이 투 적립play-to-earn' 기능의 가능성을 배웠다. 이제 게이머는 비디오 게임을 하면서 비트코인이나 기타 암호화폐를 얻는다. 또한 암호화폐는 게이머에게 한 게임의 게임 내 통화를 다른 게임에서 직접 활용할 수 있는 기능을 제공한다. 2022년에는 플레이 투 적립과 NFT 아이디어를 중심으로 만든 수많은 게임이 등장한다. 잘 알려진 플레이어가 게임 내에서 암호화폐를 벌기 시작하면 게임하면서 돈을 벌고자 하는 일상적인 게이머가 점점 더 늘어날 것이다.

메타버스로의 진입

Dan Eckert, PwC AI 및 신흥기술 전무이사

확장현실 메타버스는 아직 3~5년이 남았다. 메타버스(메타버스라고 해야 하나)는 멀티플레이어 컴퓨터 게임, 심지어 세컨드 라이프Second Life/AOL/컴퓨서브Compuserve 시대부터 존재해 왔다. 우리가 실제로 보고 있는 것은 과거의 가상세계를 미래의 메타버스로 재브랜딩하고 확장한 것이다. 이것은 단 하나가 아니라 여러 개가 있으며 그 각각은 집중 커뮤니티, 기능과 경험을 위해 설계되었다. 모두가 외치는 메타버스는 (아직) 배송되지 않지만 우리는 매일 공개하는 빌딩 블록을 보기 시작한다.

Sanjay Mehta, Lucidworks 산업과 전자상거래 책임자

메타버스에 대비하라. 이것은 가상경험을 재창조하고 고객 간의 커뮤니티 구축, 물리적 상품 가상경험, 쇼핑객 행동 이해, 보다 개인적인(AI 기반) 가이드 스타일의 서비스를 제공한다. 항상 그렇듯 경로에는 몇 가지 잘못된 과정이 포함된다. 접근성과 개인정보 보호는 기초부터 이뤄져야 한다.

지속가능한 기술

Ali Mitchell, EQT Ventures 파트너

자본 홍수가 전 세계 신생기업을 강타함에 따라 기후 투자가 엄청나게 폭발할 수 있다. 유럽은 전 세계적으로 기후 투자에서 가장 빠른 지역이고 미국은 둔화의 조짐 없이 공격적으로 투자하고 있다. 2021년 상반기에만 기후 기술 신생기업은 탄소, 에너지, 식품과 물, 산업, 이동성을 포함한 부문에서 160억 달러를 모금했다. 2022년에 이 수치가 급증하면서 참여 기회와 그 어느 때보다 더 많은 교차 부문 기회가 생긴다.

Michael Bates, Intel 글로벌 에너지 총괄 책임자

미국과 유럽연합의 새로운 투자, 혁신, 기술 솔루션, 경쟁 심화, 정책 지원으로 2022년과 그 이후에 재생 가능 에너지의 배치 속도가 다른 에너지원을 앞지른다. 2021년 전 세계는 기후 변화 영향으로 더욱 빈번한 악천후를 겪었다. 이 영향을 완화하려면 재생 가능 에너지가 증가하도록 더 잘 지원할 에너지 그리드가 필요하다. 또한 지속 가능한 인프라, 스마트 그리드, 물 관리, 전기 자동차를 위한 정부 지출이 증가할 것으로 예상한다. 2022년이 재생 에너지로 본격 전환하는 출발점이 되었으면 한다.

Lou Von Thaer, Battelle Memorial Institute 회장 겸 CEO

2022년의 지평선은 시간의 분수령을 나타낸다. 우리가 기후 회복력을 촉진하는 과학 연구와 기술적 돌파구가 발전하도록 함께 헌신하는 것은 지구의 미래에 매우 중요하다. 팬데믹은 심각한 도전을 야기했고 진화하는 건강 위협, 특히 국가와 글로벌 생물 보안 역량 성장과 향상이라는 요구에 따라 혁신적이고 과학적인 솔루션을 긴급히 창출할 필요가 등장했다. 2022년에는 인간의 생존에 필요한 기본 자원을 보존하고 환경 위협에 대응하는 기술에 더 중점을 두게 된다.

FIXING THE INTERNET

Robert Blumofe, Akamai CTO

2022년 가장 중요한 기술 트렌드는 랜섬웨어의 지속적인 증가에 집중하는 것이다. 사이버 공격은 갈수록 컴퓨터에서 무작위로 발생하지 않는다. 그것은 일상생활을 직접 방해하고 휘발유, 식료품점, 심지어 의료서비스 이용 능력을 제한하는 본격적인 사건이다. 범죄자에게는 상당한 돈을 벌 기회가 있기 때문에 2022년에는 공격이 더욱 빈번하고 파괴적일 수 있다. 여기에다 원격근무가 늘어나면서 범죄자는 노출된 보안 격차로 귀중한 데이터에 액세스할 기회가 훨씬 많아진다.

Kara Sprague, EVP/GM 애플리케이션 제공/엔터프라이즈 제품 운영, F5

2021년 랜섬웨어 공격은 특히 미국 인프라를 중심으로 이뤄졌다. 정부가 공공과 민간 기업을 위한 사이버 보안 규정을 마련하는 것이 중요하다. 주요 로그4jLog4j 보안 결함에서 보았듯 기다릴 수 없다. 최신 기술 인프라 정보를 유지하고 모든 애플리케이션 앞에 WAF(웹 애플리케이션 방화벽)를 설치하는 것 같은 보호 기능은 레스토랑 직원이 손을 씻는 것과 유사해야 한다. 그들은 절대적으로 필요한 표준이다.

Vasu Jakkal, Microsoft 보안, 규정 준수와 ID CVP

보안은 더 이상 기업과 IT 작업자만 생각해야 하는 것이 아니다. 소규모 기업, 핵심 인프라, 개인에 이르기까지 그 위협의 양과 복잡성은 모두 증가하고 있다. 나쁜 해커들이 우리를 능가하려 하므로 위협이 계속될 것으로 예상해야 한다. 2022년 내가 기대하는(그리고 희망하는) 추세는 기술과 보안 회사가 함께 세상을 더 안전한 곳으로 만드는 것이다. 더 많이 함께 일하고 지식을 공유할수록 우리는 모두 더욱 강해지고 더 안전해진다.

Timoni West, Unity AR 부사장

NFT는 우리가 종으로서 이야기해야 할 가장 중요한 것이지만 2022년에는 초기 단계거나 얕은 단계에 머문다. 온라인 커뮤니케이션이 인식과 이해를 어떻게 변화시키는지 진정한 이해가 필요하다. 우리는 유아기부터 홍역, 볼거리, 소아마비 백신을 완전히 접종한 성인들이 특정 백신 접종을 거부하는 시대에 살고 있다. 사람들은 NFT가 실제로 무엇인지 또는 증강현실의 한계가 무엇인지 등을 얘기하며 신기술을 크게 오해한다. 복잡한 아이디어를 전달하는 더 나은 방법이 필요하다.

Rebecca MacKinnon, Wikimedia Foundation 글로벌 옹호 부사장

인터넷 시대에 민주주의가 번성하려면 디지털 시민 공간을 보호하고 강화해야 한다. 위키피디아Wikipedia, 인터넷 아카이브Internet Archive, 미국 디지털 공공도서관이 몇 가지 예다. 커뮤니티가 구체적인 문제를 해결하는 데 도움을 주는 작업을 지원하는 공익 기술 운동은 또 다른 것이다. 그러한 커뮤니티에는 자신의 시민 공간을 관리할 권리가 있다. 섹션 230(미국의 통신품위법)이 여기에 도움을 준다. 이는 사용자가 게시한 콘텐츠에 관한 책임으로부터 디지털 플랫폼을 보호할 뿐 아니라 공익 중심과 커뮤니티 운영 플랫폼은 합법일 수 있지

만 플랫폼의 목적에 반하는 행동이나 콘텐츠 규칙을 시행할 때 법적 책임으로부터 보호한다.

Kathryn de Wit, 광대역 액세스 이니셔티브 Pew Charitable Trusts **책임자**

최근 미국인은 광대역 얘기를 많이 듣는다. 기반 시설 법안 통과와 전례 없는 연방 광대역 자금 투입으로 모든 미국인에게 저렴한 고속 인터넷을 제공하는 것이 실현 가능해졌다. 이제부터 어려운 부분이 시작된다. 성공 여부는 그 공적 자금을 현명하게 사용하고 광대역의 가용성, 안정성, 경제성을 효과적으로 높이는 방법을 보여주는 데이터 기반 연구에 따라 달라진다.

Kevin Robinson, Wi-Fi Alliance 마케팅 SVP

2022년 기술 산업은 TV, VR 안경, 스마트폰을 포함한 모든 장치 등급에 더 많은 와이파이 6E 제품을 도입한다. 소비자와 기업이 6GHz 대역을 와이파이에 사용하게 하려고 다년간 노력한 와이파이 업계가 그 이점을 누릴 수 있다. 와이파이 6E는 와이파이 6의 이점을 6GHz 대역으로 확장해 빠른 속도, 짧은 대기시간, 고용량을 제공한다. 와이파이 6E는 증강현실과 가상현실 애플리케이션을 제공하고 번성하는 몰입형 XR 생태계를 위한 기반을 마련하는 데 이상적이다.

Gina Bianchini, Mighty Networks 설립자이자 CEO

커뮤니티를 우선시하고 경제적 인센티브를 두 번째 기반으로 하는 크리에이터 이코노미(창작자 경제)와 웹3 사이에 있는 웹2.5가 출현하리라고 본다. 소유권, 자율성, 게임 플레이 등 웹3가 약속한 에너지는 계속 이어진다. 온체인 도구와 경험이 보다 소비자 친화적으로 진화하는 동안 더 간단하게 더 많은 작업을 수행할 수 있는 방법이 등장한다.

Susanne Daniels, YouTube 오리지널 콘텐츠 글로벌 책임자

2022년에도 계속 확장이 이뤄질 커다란 트렌드 중 하나는 스트리밍 플랫폼에서 무료로 쉽게 액세스할 수 있는 콘텐츠다. 우리는 지난 2년 동안 독창적인 프로그램 배포 방식과 대본이 있는 시리즈, 다큐멘터리, 대본이 없는 제작자 주도 스페셜 등 고품질 콘텐츠 소비 방식에서 기념비적인 변화를 목격했다. 또한 2022년과 그 이후에는 주요 디지털 스트리밍 플랫폼에서 진정성 있고 명분에 기반하며 다양한 스토리텔링에 더 집중할 것으로 기대한다. 소비자는 다양한 관점을 모든 크기의 화면에 반영하길 기대하며 콘텐츠는 우리가 사는 세상을 반영하도록 계속 진화한다.

Dr. Elina Berglund, Natural Cycles 공동창립자 겸 공동 CEO

2021년 펨테크femtech(여성 건강에 초점을 맞춘 기술)에 보인 모든 관심과 함께 2022년에는 많은 거래가 따를 것이라고 본다. 여기에는 자금 조달 증가와 훨씬 더 많은 인수합병이 포함된다. 특히 하나의 핵심 제품을 보유한 회사가 많으므로 통합을 예상하는 것이 당연하고 이치에 맞는다. 시장은 뜨겁지만 일부 제품은 적절한 품질 시스템과 인증을 마련하지 않으면 규제기관의 제재를 받는다.

Bob Kocher와 Bryan Roberts, Venrock 파트너

우리는 민간기업 가치 하락을 예상한다. 공개 시장은 2022년으로 향하는 많은 디지털 건강 회사에 잔인했다. 주식은 차세대 의료 제공자와 지불자 전반에 걸쳐 30%에서 50%까지 하락했다. 우리는 이것이 민간기업에 영향을 미치고 다중 압축(평가 대비 수익 비율 감소), 단위 경제와 비즈니스 지표에 관한 더 많은 조사, 더 낮은 평가로 이어질 것이라고 생각한다.

Jami Doucette, Premise Health 사장

가상 1차 진료와 원격 모니터링은 내가 가장 면밀히 주시하는 2가지 범주로 이것은 함께 진행된다. 처음에 사람들은 경미한 질병, 사고 같은 일시적 요구사항이 있을 때 가상치료에 액세스했다. 이제 사람들은 가상 제공자와 장기적인 1차 진료 관계를 구축하려는 경향을 보인다. 또한 스마트 체중계, 혈압 커프 같은 특정 도구가 양질의 가상진료에 도움을 주면서 원격 모니터링 장치를 사용하는 비율이 증가하고 있다. 이 추세는 더욱 가속화할 것이다. 앞으로 정기검진을 위해 병원에 가는 것은 과거의 일이 될 수 있다.

Greg Yap, Menlo Ventures 파트너

의료 서비스는 디지털 건강과 생명공학 분야에서 분산형 모델이 계속 등장한다. 우리는 웹3.0으로 블록체인을 통하지 않고도(아직) 유사한 결과와 의미를 얻으며 스스로의 의료 데이터를 통제한다. 나아가 널리 퍼진 AI와 가상 인프라가 어디서나 우리를 실제 건강 데이터와 연결한다.

Suneet Dua, PwC 제품/기술 부문 최고 매출과 성장 책임자

우리가 새로운 현실을 받아들일 때 2022년은 전례 없이 의료 기술이 지속적으로 성장하고 확장하는 해가 된다. 코로나-19가 환자와의 비대면 기술 솔루션, 정보 보호와 처리, 업데이트 기술 주도 솔루션의 필요성을 가속화했지만 의료 산업은 이제 막 표면을 긁기 시작했다.

업무와 출퇴근 방법

Scott Wharton, 비디오 협업 그룹 Logitech의 부사장 겸 GM

2022년에도 고용주와 직원 모두 전통 사무실 모델을 거부하며 사무실이 아닌 집이 기존 근로자와 장래 근로자에게 새로운 기본으로 자리 잡는다. 직원이 사무실로 복귀해야 한다고 주장하는 회사는 더 많은 유연성을 제공하는 회사로의 대규모 이탈을 겪는다. 그리고 이런 회사에서는 하이브리드 작업과 핫데스킹Hot-desking(자율좌석제)으로 발생하는 문제가 업무 수행에서 해결해야 할 가장 중요한 문제로 떠오른다. 비디오 협업 산업은 AI 기반 혁신이 비디오 경험을 회의실에 있는 것보다 훨씬 더 좋게 만든다는 점에서 이 과제를 해결하는데 한 걸음 더 나아간다.

Ankur Gopal, Interapt CEO

2022년에 활기를 띨 새로운 트렌드는 기존 직원에게 실제적이고 시장성 있는 기술뿐 아니라 직장의 다양성 향상을 위한 혁신적 후원 수업과 교육 프로그램을 제공하는 일이다. 대학과 기업이 협력해 비전통적 구직자에게 심층 지식과 실제 교육을 모두 제공하는 현대적인 견습 스타일의 프로그램을 제공하기 위해 기존 올드 스쿨은 새로운 학교로 거듭나고 있다. 이것은 단순한 직업을 대상으로 하지 않는다.

Jack Berkowitz, ADP 최고 데이터 책임자

2022년에 발전할 2가지 커다란 트렌드는 사람과 데이터를 중심으로 한다. 우선 팬데믹으로 업무 수행 방식이 바뀌고 노동 시장이 변화하면서 근로자가 필요로 하는 우선순위가 달라져 사람 데이터가 그 어느 때보다 중요해졌다. 이것은 기업이 다양성, 형평성, 포용성 향상 같은 중요한 비즈니스 과제와 관련해 자신 있게 결정을 내리게 한다. 또한 인재를 모집하고 참여율을 높이려면 직원과 관련해 시기적절한 통찰력이 필요하다. 2022년에는 실행 가능한 데이터와 직원의 요구사항 사이의 교차점을 찾는 일이 엄청나게 커진다.

Matt Trotter, Silicon Valley Bank 프런티어 기술·에너지·자원 혁신 책임자

2021년과 그 이후에는 사람과 물건이 전 세계로 이동하는 방식이 혼란에 빠진다. 예를 들어 우리는 전국의 소규모 공항만 사용하고 연료와 조종사 비용 때문에 가능한 한 많은 사람을 비행기에 태운다. 소형 개인 제트기는 소수만을 위한 것이다. 머지않은 미래에 우리는 전 세계의 많은 공항을 활용하며 단거리에도 비행기를 사용한다. 비행은 운전보다 비용과 편의성 관점에서 훨씬 더 실용성 있는 선택이다.

Kiva Allgood, Sarcos Technology and Robotics Corporation CEO

2022년까지 노동력 부족이 이어질 전망이라 많은 기업이 숙련 노동자와 자원을 찾기 위해 분주하게 움직인다. 로봇은 노동 격차를 메우고, 업무상 부상을 줄이며, 수익에 직접 영향을 미치려는 많은 조직에 솔루션을 제공한다.

Armin G. Schmidt, German Bionic CEO 겸 공동설립자

다시 한번 사람이 기술 혁신의 중심에 서고 우리 사회는 자동화가 만병통치약이라는 개념에서 멀어진다. 사람을 바꾸는 게 아니라 능력을 강화하고 약점을 보완해야 한다. 결국 미래에는 테슬라봇Teslabot(테슬라가 개발하는 휴머노이드 로봇)의 군대가 아닌 증강인간이 부상한다. 이를 달성하기 위해 우리는 자연스럽게 로봇, AI 같은 첨단 기술에 의존하는데 이는 모두 지속가능성에 초점이 맞춰져 있다.

02

더 나은 기술 산업

Jane Manchun Wong, 독립 보안 연구원

앱 개발 프로세스는 보다 공개적이고 투명해지며 민주화한다. 디지털 세계가 점차 일상화하는 상황이라 대중은 자신이 매일 사용하는 앱에서 어떤 작업을 하고 있는지 알아야 한다. 회사가 생각하는 개념을 공유할 때 사람들은 피드백을 제공하고 결국 그들이 원하는 기능을 구축할 수 있다.

Paul Barrett, NYU Stern 기업과 인권 센터 부소장

의회는 강력한 소셜미디어 회사를 규제하기 위해 서로 상충하는 제안을 앞 다퉈 내놓는다. 정치인들이 어떤 목적으로 무엇을 하기로 결정하든 플랫폼은 어느 나라에서나 시민과 민주주의를 보호한다는 명목으로 언제 금지해야 하는지를 놓고 보다 사려 깊고 엄격한 정책을 분명히 해야 한다.

Rob Reich, 스탠퍼드대학교 정치학 교수이자 《System Error》 공동저자

기술 규제를 위한 미국의 정책 창이 열리고 있다. 그러나 빅테크를 통제할 단일 옴니버스 법안은 없을 것이다. 최근 민주사회 전반에 걸쳐 기술 규제를 더 크게 조정하기 위한 요구가 계속 이어질 것으로 예상한다.

Alan Jones, PwC 기술·미디어·통신 딜 리더

기술 거래는 규제 압력으로 상당한 역풍에 직면한다. 미국 정부는 특히 기술 부문에서 일부 회사의 규모나 지배력과 관련된 조사를 확대했다. 삼성전자도 스팩SPAC(기업인수목적회사) 시장에 주목하고 있다. 기업이 '성장을 위해 축소'해야 할 수 있으므로 기술 구매자를 위한 잠재적 인수가 상당히 지연되거나 탈선하고 매각이 증가할 가능성도 있다. 상환 혹은 파이프PIPE(상장 지분 사모투자) 시장이 주도하는 도전적인 시장 상황과 결합한 지속적인 SEC(미국 증권거래위원회) 조사 결과로 인해 SPAC 형성과 디스팩de-SPAC(스팩 해산)이 계속 냉각될 것으로 예상한다.

Lillian Li, 전 VC이자 뉴스레터 'Chinese Characteristics' 저자

중국 기술 대기업은 농업 기술과 저탄소 열광자로 변모함으로써 사회적 책임의 뿌리를 재발견한다. '소비자에게나 기업에게나 사회에나' 같은 슬로건 아래 농촌 지역에서 열심히 일하는 기술 노동자의 성대한 전시가 벌어진다.

Eric Rescorla, Firefox CTO

2022년에는 개인정보를 보호하면서 사람 데이터로 작업하는 실제 도구를 갖는다. 인터넷, 특히 광고를 구동해서 많은 데이터를 수집하는 것은 훨씬 덜 침습적인 방식으로 이뤄진다. 암호 작성자는 다자간 계산, 영지식 증명, 동형 암호화 같은 기술을 수년간 연구해 왔고 마침내 실제 문제에 실용적으로 사용할 만큼 능숙해졌다. 우리는 2021년 이것을 조금 보았지만 W3C Private Advertising Technology Community Group과 IETF의 Privacy Preserving Measurement 작업 사이에서 이것은 2022년에 실제로 관찰해야 할 영역이다.

Yael Eisenstat, Berggruen Institute **민주주의 미래 펠로 정책고문**

2022년에는 기술 산업이 더 많은 사람의 목소리를 듣는다. 각계각층은 자신의 목소리, 기술, 돈, 영향력을 사용해 기술 산업에 더 많은 책임을 요구한다. 지난 몇 년 동안 많은 사람이 위험을 감수하며 특정 기술 회사의 해로운 비즈니스 관행에 경고를 보냈다. 이제 우리가 그런 조치를 취할 때다. 특히 기술 근로자 자신이 리더에게 더 윤리적이고 투명하며 포괄적인 의사결정을 요구할 거라 보고 또 요구하게 된다.

Jack Abraham, Atomic CEO 겸 관리 파트너

2021년은 기술 마이그레이션migration(하나의 운영체계에서 더 나은 운영체계로 옮아가는 과정)의 첫 번째 물결이었다. 2022년에는 수천 명의 기술 근로자가 더 높은 삶의 질과 더 많은 기회를 찾기 위해 뉴욕과 샌프란시스코를 떠난다. 특히 기업가는 더욱 그러하며 회사 건물 비율은 베이 에어리어Bay Area 외부 생태계에서 10배 증가한다. 그리고 벤처캐피털 회사와 기술 회사는 인재를 따른다. 나는 적어도 4개 주요 기술 회사가 2022년 마이애미에 새로운 본사나 사무실을 열 것이라는 발표를 하리라고 예상한다.

Tim Hwang, 《Subprime Attention Crisis》 저자

2022년에는 세상이 더욱 불확실해지면서 기술이 점점 더 환상, 도피, 세기말fin de siècle 과잉의 중심지가 된다. 이는 2022년에 2가지 트렌드가 확장될 것임을 의미한다. 첫째, 컬트 인프라로서의 기술이다. 가령 텅스텐 큐브(수집 NFT), 종교적 껍질을 벗긴 토큰화(예: GAWDS.xyz의 신 NFT), 점술 플랫폼화(예: Co-Star 개인화 점성술 앱)가 등장한다. 이는 인기와 복잡성의 커다란 도약이다. 둘째, 기술 근본주의다. 정책입안자가 시민 사회와의 협력을 시도한 후 기술 리더가 사회 비전과 문제 진단에서 기술을 절대시해 더욱더 급진적인 계획과의 타협을 꺼릴 것으로 예상한다.

AI 세계미래보고서 2023

초판 1쇄 인쇄 2022년 3월 21일
초판 1쇄 발행 2022년 4월 5일

지은이 서재영
펴낸이 하인숙

기획총괄 김현종
책임편집 이새별
디자인 표지 forb.studio 본문 김정연

펴낸곳 ㈜더블북코리아
출판등록 2009년 4월 13일 제2009-000020호
주소 서울시 양천구 목동서로 77 현대월드타워 1713호
전화 02-2061-0765
팩스 02-2061-0766
블로그 https://blog.naver.com/doublebook
인스타그램 @doublebook_pub
포스트 post.naver.com/doublebook
페이스북 www.facebook.com/doublebook1
이메일 doublebook@naver.com

ISBN 979-11-91194-57-9 (03320)